研究阐释党的十九届六中全会精神国家社科基金重大项目"推进中华民族伟大复兴进程中中国式现代化理论与实践重大创新研究"(批准号：22ZDA027)的阶段性研究成果

课题首席专家：

戴木才(清华大学马克思主义学院)

本书主要作者(以姓氏笔画为序)：

刘伟兵(复旦大学马克思主义学院)

尚泽伟(清华大学马克思主义学院)

彭隆辉(江西师范大学科学技术学院)

谢　葵(国际关系学院外语学院)

魏　旭(上海交通大学马克思主义学院)

实 现 人 民 美 好 生 活 之 道

中国式现代化道路

戴木才 等◎著

人民出版社

目　录

第一章　中国式现代化道路的发展历程　　　　　　　　　1

一、近代以来中华民族的伟大梦想　　　　　　　　　　2

二、新民主主义革命时期提出"实现工业化"　　　　　5

三、社会主义革命和建设时期提出"实现四个现代化"　9

四、改革开放和社会主义现代化建设新时期提出实现
"中国式的现代化"　　　　　　　　　　　　　　16

五、新时代提出"中国式现代化道路"　　　　　　　25

第二章　中国式现代化道路的社会主义性质　　　　　　33

一、社会主义与现代化有机结合的现代化　　　　　　34

二、坚持中国共产党领导的现代化　　　　　　　　　42

三、实现全体人民共同富裕和美好生活的现代化　　　46

四、实现国家治理体系和治理能力现代化　　　　　　53

五、"五大文明"协调发展与全面提升的现代化　　　58

六、人的自由全面发展与社会发展协调推进的现代化　65

第三章　中国式现代化道路的中国特色　　　　　　　　70

　一、五千多年历史文明古国的现代化　　　　　　　71

　二、以农业农村农民为根柢的现代化　　　　　　　75

　三、人口规模巨大的现代化　　　　　　　　　　　83

　四、源于中国历史发展规律的现代化　　　　　　　90

　五、共时并存特征的现代化　　　　　　　　　　　94

　六、追赶型与原创性相统一的现代化　　　　　　　105

第四章　中国式现代化道路的创造性超越　　　　　　110

　一、西方式现代化的主要模式　　　　　　　　　　111

　二、西方式现代化被超越的必然性　　　　　　　　117

　三、超越资本本位确立人民本位　　　　　　　　　125

　四、超越逐利剥削实现共建共享　　　　　　　　　129

　五、超越自发生成实现自觉推动　　　　　　　　　133

　六、超越丛林法则实现和平发展　　　　　　　　　138

　七、超越全面扩张实现命运与共　　　　　　　　　141

　八、超越唯我独霸实现合作共赢　　　　　　　　　144

第五章　中国式现代化道路的 2035 年远景目标　　　147

一、综合国力将大幅跃升　　　148

二、基本实现新型工业化信息化城镇化农业现代化　　　151

三、基本实现国家治理体系和治理能力现代化　　　154

四、国家文化软实力显著增强　　　158

五、基本实现美丽中国建设目标　　　163

六、参与国际经济合作和竞争新优势明显增强　　　166

七、人均国内生产总值达到中等发达国家水平　　　169

八、平安中国建设达到更高水平　　　172

九、全体人民共同富裕取得更为明显的实质性进展　　　176

第六章　实现 2035 年远景目标的科学依据　　　180

一、中国特色社会主义成功实践奠定坚实基础　　　181

二、中国人民奋斗拼搏提供不竭力量源泉　　　190

三、习近平新时代中国特色社会主义思想
　　提供科学理论指导　　　197

四、社会主义核心价值观提供强大精神指引　　　210

五、中国共产党的全面坚强领导提供政治保证　　　221

六、中国仍处于大有可为的重要战略机遇期　　　233

第七章　中国式现代化道路的重大意义　　249

一、标志着中华民族五千多年来又一次历史性巨变　　250

二、更加显示出中国特色社会主义制度的巨大优越性　　252

三、更加彰显中国共产党中国人民中华民族的高度自信　　254

四、发展中国家现代化的中国道路更加成熟　　259

五、推动世界和平与进步力量显著增强　　261

六、世界社会主义运动将写就更加辉煌的篇章　　264

参考文献　　268

后　记　　271

第一章
中国式现代化道路的发展历程

　　实现现代化，是人类社会进入近现代以来的时代潮流，尤其是 20 世纪以来各国发展的共同主题。自 1840 年鸦片战争后，实现现代化、实现民族复兴，成为中华民族的伟大梦想和中国人民的殷切夙愿。中国共产党成立后，为中国人民谋幸福，为中华民族谋复兴，在实现中华民族现代化的道路上不断探索。新中国成立以来，不仅逐步建立和完善了中国社会主义根本制度、基本制度、重要制度，而且在社会主义现代化建设的实践中发展速度越来越快，取得了越来越丰硕的成果，不断丰富和发展了社会主义现代化的内涵与外延，走出了一条与以资本主义国家为主体的西方式现代化道路完全不同的中国式现代化道路。

一、近代以来中华民族的伟大梦想

以 1840 年鸦片战争为标志，中华民族进入了屈辱和衰败的近代史，古老文明的中国被率先迈入工业文明现代化的西方资本主义列强终结了昔日的辉煌，逐渐沦为半殖民地半封建社会。中国近代思想家冯桂芬感叹道："有天地开辟以来未有之奇愤，凡有心知血气莫不冲冠发上指者，则今日之以广运万里之地球中第一大国而受制于小夷也。"

【鸦片战争】

又称第一次英中战争或"通商战争"，是中国近代史的开端。

"闭关锁国"的满清帝国逐步落后于世界大潮，但是在外贸中一直处于贸易顺差地位。为了扭转对华贸易逆差，英国开始向中国走私毒品鸦片，获取暴利。道光皇帝派湖广总督林则徐为钦差大臣，赴广东查禁鸦片。为打开中国市场大门，英国政府以此为借口，派出远征军侵华。1840 年 6 月，英国远征军抵达广东珠江口外，封锁海口，鸦片战争开始。

战争前期，中国军民奋起抵抗，沉重打击了英国侵略者。但是，由于晚清王朝腐朽没落的封建专制制度，抵抗不住新兴"大英帝国"的侵略，战争以中国失败并赔款割地而告终，签订了中国历史上第一个不平等条约《南京条约》。中国开始向外国割地、赔款、商定关税，严重危害了中国主权。

鸦片战争使中国开始成为半殖民地半封建社会，逐步丧失了独立自主的地位，并促进了自然经济的解体。同时，也揭开了近代中国人民反抗外来侵略的历史篇章。

与这个历史进程相伴随，中华民族的优秀儿女也开始了不懈探寻中华民族救亡图存、实现现代化和伟大复兴的艰辛历程，开始了寻求国家独立、民族解放和国家富强、人民幸福的现代化之路。最初以晚清王朝的官僚士大夫阶层为代表，一边寻求与西方资本主义列强的纷争缓和，一边尝试举办洋务、兴办民族工业。然而，在相当长的时期内，国家的颓势非但没有好转，反而一再坠入深渊。从1840年的鸦片战争到1900年的八国联军侵华，晚清王朝的综合国力急速衰微，跌入到渊底。

自鸦片战争后，中华民族尽管是被西方资本主义列强打开国门，被动地融入世界历史和现代化的历史潮流之中的，但对实现现代化、实现民族复兴也作出了许多积极探索。从鸦片战争到中国共产党成立前的几十年间，中国社会各个阶级的先进人物，都着眼于实现现代化和中华民族伟大复兴这个历史主题和奋斗目标，先后拿出过各种方案。

这些方案大致包括三大类型：

一是不变更中国封建专制制度，企图通过学习西方先进技术来实现器物层面的现代化，如洋务运动。

二是部分地变更中国封建专制制度，企图仿效英国、日本等建立君主立宪式的资产阶级国家，如戊戌变法。

三是彻底推翻晚清王朝的封建专制制度，建立西方式的资产阶级共和国，为中国资本主义发展彻底扫除障碍，如辛亥革命。

在一定意义上说，这些方案都是对实现现代化、实现民族复兴的大胆尝试和积极探索。尤其是以孙中山为代表的民族资产阶级革命派领导并发动的辛亥革命，推翻了封建帝制，创立了中华民国。孙中山说：

> 故知革命之目的，非仅仅在于颠覆满洲而已，乃在于满洲颠覆以后，得从事于改造中国。依当时之趋向，民族方面，由一民族之专横宰制过渡于诸民族之平等结合；政治方面，由专制制度过渡于民权制度；经济方面，由手工业的生产过渡于资本制度的生产。循是以进，必能使半殖民地的中国，变而为独立的中国，以屹然于世界。[①]

然而，事实证明，这些方案由于缺乏科学理论的正确指导，缺乏对实现中华民族伟大复兴的一系列深层次问题的科学回答，缺乏对实现现代化和民族复兴依靠力量的正确把握，最终都以失败而告终。资产阶级并不能领导中华民族实现现代化，走向国家独立、民族解放和国家富强、人民幸福，建立资产阶级共和国的幻梦也为帝制复辟、军阀混战和帝国主义入侵所破灭。

在半殖民地半封建社会的旧中国，中华民族的现代化进程屡屡

---

① 《孙中山选集》下卷，人民出版社 2011 年版，第 609—610 页。

被帝国主义的侵略和殖民所打断，"一穷二白"、"落后挨打"的悲惨局面始终没有改变。

二、新民主主义革命时期提出"实现工业化"

马克思曾说，人类社会是一个自然发展的历史过程，它不以人的意志为转移。近现代以来，中国新民主主义革命道路、社会主义革命和建设道路的形成和发展，是与近现代以来中国经济社会发展的历史背景和客观状况相联系的，有着自身运动、发展与变化的轨迹和规律，不是哪一个人、哪一个群体主观意志决定的结果，而是中国近现代历史发展的结果、历史选择的结果。

在近代以来中国180多年的历史发展过程中，只有中国共产党顺应和创造性地运用了中国近现代历史的发展规律和时代潮流，成功地带领中国人民走向了新民主主义革命道路、社会主义革命与建设道路和中国特色社会主义道路，成功地走出了一条与西方式现代化道路不同的中国式现代化道路。

1917年俄国"十月革命"后，马克思主义这一解决社会发展问题的科学理论，迅速传入中国并得到广泛传播，给迷茫中的中国先进分子以极大的震撼和鼓舞，中国的先进分子由此找到了解决中华民族实现现代化和民族复兴的强大思想武器。这一科学理论，与中国工人运动相结合，成立了中国共产党，从而产生了运用这一科学理论来解决中华民族救亡图存、实现现代化和伟大复兴这一历史主题的伟大承担者。

通过对中国国情进行历史的、科学的正确分析，从中国是一个半殖民地半封建社会的实际出发，中国共产党深刻地认识到，要解决中华民族的救亡图存和实现现代化与伟大复兴的两大历史任务，必须分两步走：

一是铲除阻碍社会生产力发展的旧的生产关系和上层建筑，为救亡图存和实现现代化与伟大复兴开辟道路。

二是迅速发展社会生产力，为实现现代化与伟大复兴而努力奋斗。

按照这种历史发展轨迹，首先要领导全国各族人民进行一场把半殖民地半封建社会的旧中国改变成为社会主义新中国的伟大革命，然后在此基础上再进行社会主义革命和建设，才能实现中华民族的现代化和伟大复兴。正是沿着这一历史发展轨迹，中国共产党找到了实现现代化和民族复兴的正确道路。

1921 年 7 月中国共产党的成立，中华民族和中国人民从此才开始真正有了主心骨和领头雁，中国革命的面貌从此就焕然一新了，中华民族迈向现代化之路才揭开了崭新的篇章。早在 1925 年，毛泽东在说明《政治周报》的发刊理由中就写道："为什么要革命？为了使中华民族得到解放，为了实现人民的统治，为了使人民得到经济的幸福。"①

到 20 世纪 40 年代，毛泽东在《新民主主义论》中更是明确地提出了建立一个"新民主主义国家"的理想，他说：

———————

① 《毛泽东文集》第一卷，人民出版社 1993 年版，第 21 页。

我们不但要把一个政治上受压迫、经济上受剥削的中国，变为一个政治上自由和经济上繁荣的中国，而且要把一个被旧文化统治因而愚昧落后的中国，变为一个被新文化统治因而文明先进的中国。一句话，我们要建立一个新中国。①

从中国的经济社会文化异常落后的基本国情出发，毛泽东在《论联合政府》中则更加明确地提出了"由农业国变为工业国"、实现"工业化和农业近代化"的现代化目标。从此，"由农业国变为工业国"以及"中国的工业化和农业近代化"、"实现工业化"等话语成为毛泽东以及中共中央其他领导人讲话的常用词语。

在新民主主义的政治条件获得之后，中国人民及其政府必须采取切实的步骤，在若干年内逐步地建立重工业和轻工业，使中国由农业国变为工业国。

中国工人阶级的任务，不但是为着建立新民主主义的国家而斗争，而且是为着中国的工业化和农业近代化而斗争。②

1947 年 12 月，毛泽东在作《目前形势和我们的任务》报告时又指出："中国人民的任务，是要在第二次世界大战结束、日本帝国主义被打倒以后，在政治上、经济上、文化上完成新民主主义的

① 《毛泽东选集》第二卷，人民出版社 1991 年版，第 663 页。
② 《毛泽东选集》第三卷，人民出版社 1991 年版，第 1081 页。

改革，实现国家的统一和独立，由农业国变成工业国。"①

1948 年底，毛泽东在《将革命进行到底》一文中更加深入地论述了革命胜利和"由农业国变为工业国"、由新民主主义社会转变为社会主义社会的关系。他说，在全国范围内建立人民民主专政的共和国，"由此造成统一的民主的和平局面，造成由农业国变为工业国的先决条件，造成由人剥削人的社会向着社会主义社会发展的可能性。"②

1949 年 3 月，在中国革命即将取得全国胜利的前夜，中国共产党七届二中全会明确提出了中国由农业国转变为工业国、由新民主主义社会转变为社会主义社会的发展方向。毛泽东进一步明确指出，由农业国转变为工业国，是实现由新民主主义过渡到社会主义的生产力发展标准。他说：

> 在革命胜利以后，迅速地恢复和发展生产，对付国外的帝国主义，使中国稳步地由农业国转变为工业国，把中国建设成一个伟大的社会主义国家。③

也就是说，新中国实现从新民主主义革命向社会主义革命和建设的转变，也是与实现工业化、发展社会生产力紧紧联系在一起的。

这些重要论述，深刻地阐明了新民主主义革命转变的社会主义

---

① 《毛泽东选集》第四卷，人民出版社 1991 年版，第 1245 页。
② 《毛泽东选集》第四卷，人民出版社 1991 年版，第 1375 页。
③ 《毛泽东选集》第四卷，人民出版社 1991 年版，第 1437 页。

方向、道路，提出了实现新民主主义革命转变为社会主义社会的基本目标和生产力标准——"由农业国变为工业国"，实现工业化的现代化目标。

回溯新中国成立前中华民族探索走向现代化的艰辛历程，可以看到，"近代中国的仁人志士前仆后继，最终目的都是为了建设一个中华民族的现代国家。但是，大目标相同的政治势力，最终的结局却不尽相同，……中国共产党在此过程中虽历经挫折和磨难，但最终由小变大，由弱变强，成为中华民族复兴的领导核心，正反映了历史的要求和人民的选择。"[①]

三、社会主义革命和建设时期提出 "实现四个现代化"

"工业化"是一个世界性概念。世界近代史的发展表明，建设和发展现代化工业，是一个国家走向独立、富强的物质前提和经济基础。所谓工业化，一般是指以农业为主的经济社会体系转变为以工业为主的经济社会体系，或者是机械化大工业在国民经济中发展并取得优势地位。而所谓的工业化过程，则是一个从自然经济社会向市场经济社会、向现代化社会发展不可或缺的过程。

"工业化"也是一个历史性概念。随着人类经济社会的不断发展，工业化的内涵也不断发生变化。自英国工业革命以来，工业发

---

① 王宪明：《中国近现代史的性质、特质与主题》，《清华大学学报》（哲学社会科学版）2008 年第 S1 期。

展已经历三次科技革命，每次科技革命都使那个时代的工业化标准相应提高。

因此，无论是进行新民主主义革命，还是进行社会主义革命和建设，中国共产党都把实现"工业化"作为实现现代化的基本目标，作为中国社会主义革命和建设需要完成的首要课题。

建立人民民主专政的国家，由农业国转变为工业国，实现农业社会化，由贫穷落后走向独立富强，是中国共产党对建设社会主义新中国的最初认识。早在执政之前，中国共产党就明确提出，先搞一段时间的新民主主义，然后再搞社会主义，并提出了新民主主义工业化道路。所谓新民主主义工业化道路，就是《中国人民政治协商会议共同纲领》中所说的：

> 中华人民共和国必须取消帝国主义国家在中国的一切特权，没收官僚资本归人民的国家所有，有步骤地将封建半封建的土地所有制变为农民的土地所有制，保护国家的公共财产和合作社的财产，保护工人、农民、小资产阶级和民族资产阶级的经济利益及其私有财产，发展新民主主义的人民经济，稳步地变农业国为工业国。

对社会主义现代化的探索是中华民族历史上的一项伟大工程，也是人类历史上的一项伟大工程。

新中国成立后，建设一个什么样的社会主义国家，成为中国共产党执政考虑一切问题的出发点和落脚点。

面对旧中国留下的烂摊子，在经济建设方面，很长一段时期，中国共产党的工作重点和治国方略主要放在实现社会主义工业化，首先把实现工业化提上议事日程，把走向繁荣富强作为国家建设的主要现实目标，提出了从实现"工业化"到实现"四个现代化"的发展目标和宏伟设想。

1952年，毛泽东提出了中国共产党在过渡时期的总路线：要在一个相当长的时期内，逐步实现中国的社会主义工业化。

1953年12月，在修改中共中央宣传部起草的《关于党在过渡时期总路线的学习和宣传提纲》时，毛泽东又增加了一些内容，把现代化建设的战略目标由实现"工业化"进一步发展到实现工业现代化及整个国民经济和社会发展的现代化。在这一提纲中，正式形成了"逐步实现国家的社会主义工业化，并逐步实现国家对农业、对手工业和对资本主义工商业的社会主义改造"，"确有把握地增强国防力量"① 等提法。

1954年6月，毛泽东进一步提出，"我们的总目标，……要实现社会主义工业化，要实现农业的社会主义化、机械化，要建成一个伟大的社会主义国家。"1954年9月，在一届全国人大一次会议开幕词中，毛泽东向全国人民宣告："准备在几个五年计划之内，将我们现在这样一个经济上文化上落后的国家，建设成为一个工业化的具有高度现代文明程度的伟大的国家。"根据这一设想，周恩来代表中共中央在这次会议上第一次明确提出了实现"四个现代化"的宏伟奋斗目标。他说：

---

① 《毛泽东文集》第六卷，人民出版社1999年版，第316页。

　　　　我国的经济原来是很落后的。如果我们不建设起强大
的现代化的工业、现代化的农业、现代化的交通运输业
和现代化的国防，我们就不能摆脱落后和贫困，我们的
革命就不能达到目的。

　　这次会议还提出了分"两步走"实现"四个现代化"的战略步骤：
第一步，用15年时间，即在三个五年计划期间内建立一个独立的、
比较完整的工业体系和国民经济体系；第二步，力争在20世纪末
使中国工业和国民经济走在世界前列，全面实现"四个现代化"。
这是中国共产党首次提出建设"现代化的工业、现代化的农业、现
代化的交通运输业和现代化的国防"——实现中国的"四个现代化"，
是建设社会主义现代化国家的宏伟奋斗目标的雏形和最初提法。

　　1957年，毛泽东又先后提到要"将我国建设成为一个具有现代
工业、现代农业和现代科学文化的社会主义国家"[1]。"要使几亿人
口的中国人生活得好，要把我们这个经济落后、文化落后的国家，
建设成为富裕的、强盛的、具有高度文化的国家，这是一个很艰巨
的任务。"[2]

　　在这里，毛泽东在建设社会主义工业化的基础上，提出了建设
"现代科学文化"、"高度文化"的问题，体现了国家现代化不仅要
有对物质文明的追求，而且要有对精神文明的追求。他在两次讲话
中都把"现代科学文化"和"现代工业、现代农业"并提，表明中
国共产党已经开始认识到"现代科学文化"在社会主义现代化建设

---

① 《建国以来重要文献选编》第十册，中央文献出版社1994年版，第64页。
② 《建国以来重要文献选编》第十册，中央文献出版社1994年版，第119页。

中的重要地位和作用。

1959 年底到 1960 年初，毛泽东更加明确地提出了"建设社会主义，原来要求是工业现代化，农业现代化，科学文化现代化，现在要加上国防现代化"①。这样就完整地提出了"四个现代化"的理论。

1964 年 12 月，在三届全国人大一次会议上，根据毛泽东的提议，周恩来在所作的《政府工作报告》中，代表中国政府正式提出了建设"四个现代化"的社会主义强国的宏伟战略目标。《政府工作报告》提出：

> 今后发展国民经济的主要任务，总的说来，就是要在不太长的历史时期内，把我国建设成为一个具有现代农业、现代工业、现代国防和现代科学技术的社会主义强国，赶上和超过世界先进水平。

1975 年 1 月，在四届全国人大一次会议上，周恩来总理又重申了这个目标，即著名的"四个现代化"。

实现"四个现代化"的宏伟战略目标，既符合中华民族和中国人民的根本利益，又顺应了世界经济的发展趋势，是一个正确的发展战略思想，深深地烙刻在新中国成立后的艰难创业史上。这是以毛泽东同志为核心的中国共产党第一代中央领导集体艰辛探索、不懈追求的结果。这一宏伟战略目标，成为一面极大地动员、凝聚、鼓舞全党全国各族人民团结奋斗的精神旗帜，极大地激发了全党全

---

① 《毛泽东文集》第八卷，人民出版社 1999 年版，第 116 页。

国各族人民建设社会主义新中国的热情，极大地坚定了全国各族人民坚持走社会主义道路的信念。

【新中国成立至改革开放取得的伟大成就】

新中国成立后近30年的社会主义革命和建设的探索与实践，虽然经历曲折甚至失误，但成绩是巨大的，功不可没，中华民族和中国人民真正"站起来"了。

新中国诞生时，中国的经济基础极为薄弱。

据国家统计局2021年1月18日发布的数据，1952年中国国内生产总值仅为679亿元，人均国内生产总值只有119元。经过努力，至1978年，中国国内生产总值达到3679亿元，占世界经济的比重为1.7%，居全球第11位。中国还建立了独立的比较完整的工业体系和国民经济体系，从1950年至1977年，中国的工业产量以年均13.5%的速度增长，从一个传统农业国转变成为一个初具规模的工业国。

在科学技术方面取得了"两弹一星"等国防尖端科学技术上的重大突破。

中国的人均预期寿命从35岁大幅度提升到68岁。

在经济贫困的情况下，仍然建立了基本覆盖城乡的低水平的社会保障体系等。

2021年11月11日，中国共产党十九届六中全会通过的《中共中央关于党的百年奋斗重大成就和历史经验的决议》指出：

经过二十八年浴血奋斗，党领导人民，在各民主党派和无党派民主人士积极合作下，于一九四九年十月一日宣告成立中华人民共和国，实现民族独立、人民解放，彻底结束了旧中国半殖民地半封建社会的历史，彻底结束了极少数剥削者统治广大劳动人民的历史，彻底结束了旧中国一盘散沙的局面，彻底废除了列强强加给中国的不平等条约和帝国主义在中国的一切特权，实现了中国从几千年封建专制政治向人民民主的伟大飞跃，也极大改变了世界政治格局，鼓舞了全世界被压迫民族和被压迫人民争取解放的斗争。①

邓小平曾说："我们尽管犯过一些错误，但我们还是在三十年间取得了旧中国几百年、几千年所没有取得过的进步。我们的经济建设曾经有过较快的发展速度。"②他还说："三十年来，不管我们做了多少蠢事，我们毕竟在工农业和技术方面打下了一个初步的基础，也就是说，有了一个向四个现代化前进的阵地。"③

当然，由于受历史条件限制和主观认识制约，中国共产党第一代中央领导集体关于中国社会主义现代化发展蓝图的描绘仍然是初步的，还处于不断探索、不断完善之中。"四个现代化"这一发展战略目标主要集中在经济领域，主要落脚点是国家整体利益层面的

---

① 《中共中央关于党的百年奋斗重大成就和历史经验的决议》，《人民日报》2021年11月17日。
② 《邓小平文选》第二卷，人民出版社1994年版，第167页。
③ 《邓小平文选》第二卷，人民出版社1994年版，第232页。

物质文明、科学技术和硬实力的发展强大，而较少延及政治、社会领域，尤其是过于强调人的无私奉献、精神信念和道德境界层面，而没有正确看待个人的正当需求、正当的物质利益分配等问题。正如邓小平所说：

> 不讲多劳多得，不重视物质利益，对少数先进分子可以，对广大群众不行，一段时间可以，长期不行。革命精神是非常宝贵的，没有革命精神就没有革命行动。但是，革命是在物质利益的基础上产生的，如果只讲牺牲精神，不讲物质利益，那就是唯心论。①

更令人遗憾的是，在社会主义实践中，由于没有把对实现"四个现代化"发展战略目标的有益探索进一步深入和坚持不懈地贯彻下去，随着国际国内形势的复杂变化，局面曾一度发生逆转，"以阶级斗争为纲"的确立和"文化大革命"的发生，对实现"四个现代化"的发展战略目标造成了重大冲击。

四、改革开放和社会主义现代化建设新时期
提出实现"中国式的现代化"

进入改革开放和社会主义现代化建设新时期，中国共产党开始

---

① 《邓小平文选》第二卷，人民出版社 1994 年版，第 146 页。

明确提出中国的现代化是"中国式的现代化"、是社会主义的现代化，把标准放低一点。

从改革开放初期邓小平提出中国社会主义现代化建设要实现"小康"的奋斗目标，到中国共产党十九大提出分"两个阶段"基本实现和全面实现中国社会主义现代化的发展战略目标，"中国式的现代化"这一概念与"基本实现社会主义现代化"都是紧紧联系在一起的，只是在实现的时间节点和内涵要求上，在发生不断的变化、丰富和发展。

1979 年 3 月 21 日，在会见英中文化协会执委会代表团时，邓小平提出了"中国式的四个现代化"这一概念。他说，中国定的目标是在本世纪末实现四个现代化，中国的现代化概念与西方不同，他姑且用"中国式的四个现代化"这个新说法。

邓小平认为，当时中国的技术水平还是英国 20 世纪 50 年代的水平，如果在 20 世纪末能达到英国 70 年代的水平，就很了不起了，就是达到这个水平，也还要做许多努力。由于缺乏经验，实现四个现代化可能比想象的还要困难些。

邓小平提出，当时中国的方针是大量引进西方先进技术，甚至资金，这样做发展可能快一些，同时还要善于吸收，善于使用，善于管理。他还谈到民主集中制的问题，指出中国共产党领导的原则是民主集中制，过去一个时期确实发扬民主不够，不利于调动人民的积极性。因此，在一个时期内要着重强调发扬民主这一面。

同时，邓小平还指出，在发扬民主这方面也会出现问题，而且已经有些问题，但是不能因为出现这些问题就不发扬民主。另一方面也要加强法制，做广泛的教育工作。任何一个国家没有法制是不行的。①

"中国式的四个现代化"概念由此提出。两天后，在中共中央政治局会议上，邓小平又谈道：

> 我同外国人谈话，用了一个新名词："中国式的现代化"。到本世纪末，我们大概只能达到发达国家七十年代的水平，人均收入不可能很高。②

这里，邓小平把"中国式的四个现代化"进一步概括为"中国式的现代化"。

显然，邓小平提出的"中国式的现代化"是一个全新的概念，不仅包括已有的现代农业、现代工业、现代国防和现代科学技术，而且强调必须从中国的基本国情、实际和特点出发，量力而行，不再追求工业、农业、科学技术、国防现代化方面的高指标，而是侧重于人民生活水平的提高和富裕程度。

在内涵上，"中国式的现代化"在"四个现代化"的基础上，进一步拓展到管理、民主、法制等方面。邓小平说："中国式的现代化，必须从中国的特点出发。比方说，现代化的生产只需要较少的人就够了，而我们人口这样多，怎样两方面兼顾？不统筹兼顾，我们就会长期面对着一个就业不充分的社会问题。"③

1978 年，中国的人均工农业总产值为 250 美元，那么 20 世纪

---

① 《邓小平年谱（一九七五——一九九七）》（上），中央文献出版社 2004 年版，第 496 页。
② 《邓小平年谱（一九七五——一九九七）》（上），中央文献出版社 2004 年版，第 497 页。
③ 《邓小平文选》第二卷，人民出版社 1994 年版，第 164 页。

末要提高到什么水平呢？一年后，邓小平在青岛接见山东省委和青岛市委负责人时，进一步为"中国式的现代化"提出了数量标准，即人均收入1000美元。

他说："搞现代化就是要加快步伐，搞富的社会主义，不是搞穷的社会主义。社会主义优越于资本主义，是最大的阶级斗争。有的人说社会主义不如西方好，如果那样，这是什么社会主义，是'四人帮'的社会主义。生产力不发展，有什么社会主义优越性。如果我们人均收入达到一千美元，就很不错，可以吃得好，穿得好，用得好，还可以增加外援。"这里所说的"人均收入"，指的就是后来的人均国民生产总值的概念。

邓小平还指出：

> 要有艰苦奋斗的创业精神。我们要搞中国式的现代化，我们还很穷，就是要老老实实地创业，就是要吃点苦，否则不可能有今后的甜。人民生活只有随着生产的不断发展，才能得到逐步改善。[1]

更为重要的是，邓小平提出的"中国式的现代化"这一全新概念，逐渐明确包含了现代民主政治和法制建设的崭新内容。

1979年底，在会见日本首相大平正芳时，面对关于中国现代化蓝图规划的提问，邓小平首次采用中国传统文化的一个重要概念——"小康"之家来形象化地描述"中国式的现代化"。他说：

---

[1] 《邓小平年谱(一九七五——一九九七)》上卷，中央文献出版社2004年版，第588页。

我们要实现的四个现代化，是中国式的四个现代化。
我们的四个现代化的概念，不是像你们那样的现代化的概
念，而是"小康之家"。到本世纪末，中国的四个现代化
即使达到了某种目标，我们的国民生产总值人均水平也还
是很低的。要达到第三世界中比较富裕一点的国家的水
平，比如国民生产总值人均一千美元，也还得付出很大
的努力。就算达到那样的水平，同西方来比，也还是落
后的。所以，我只能说，中国到那时也还是一个小康的
状态。[1]

后来的建设"小康社会"的说法，即由此而来。

1982 年，邓小平在为中国共产党十二大所作的开幕词中提出
了建设"有中国特色的社会主义"这一重大命题。他说，"我们的
现代化建设，必须从中国的实际出发"，"把马克思主义普遍真理同
我国具体实际结合起来，走自己的道路，建设有中国特色的社会主
义"。[2] 中国共产党十二大在沿用"四个现代化"提法的同时，提
出要"把我国建设成为高度文明、高度民主的社会主义国家"，明
确把高度文明、高度民主作为中国社会主义现代化目标和特征的新
内涵。

在此基础上，中国共产党十三大提出要"把我国建设成为富强、
民主、文明的社会主义现代化国家"，不仅把社会主义现代化的
奋斗目标从经济建设、政治建设进一步拓展到文化建设，而且立

---

[1] 《邓小平文选》第二卷，人民出版社 1994 年版，第 237 页。
[2] 《改革开放三十年重要文献选编》（上），中央文献出版社 2008 年版，第 260、541 页。

足于中国社会主义初级阶段的基本国情，提出了"分三步走"基本实现社会主义现代化的发展战略：

> 党的十一届三中全会以后，我国经济建设的战略部署大体分三步走。第一步，实现国民生产总值比一九八○年翻一番，解决人民的温饱问题。这个任务已经基本实现。第二步，到本世纪末，使国民生产总值再增长一倍，人民生活达到小康水平。第三步，到下个世纪中叶，人均国民生产总值达到中等发达国家水平，人民生活比较富裕，基本实现现代化。然后，在这个基础上继续前进。

中国共产党十三大首次提出了"基本实现现代化"的概念，内涵也比"四个现代化"更为丰富，还提出了具体标准。

在中国改革开放取得的发展成就基础上，中国共产党十四大和十五大进一步提出了"力争经过 20 年的努力，使广东及其他有条件的地方成为我国基本实现现代化的地区"，"东部地区要充分利用有利条件，在推进改革开放中实现更高水平的发展，有条件的地方要率先基本实现现代化"。也就是说，把"有条件的地方要率先基本实现现代化"作为"基本实现现代化"的重要补充。中国共产党十五大还第一次提出了"两个一百年"奋斗目标。

进入新世纪，中国提前实现了"三步走"发展战略目标的第一步和第二步目标，人民生活总体上达到了"小康水平"，实现了从温饱到小康的历史性跨越，进入到全面建设小康社会、加快推进社会主义现代化的新的发展阶段。

中国共产党十六大基于对"重要战略机遇期"的重要判断，把中国"基本实现现代化"的第三步战略发展目标进一步细分为两个阶段，即在本世纪头 20 年也就是到 2020 年"全面建设小康社会"，后 30 年也就是到本世纪中叶基本实现现代化，对"基本实现现代化"作了战略调整和新的部署，把"全面建设小康社会"作为"基本实现现代化"的一个重要阶段性目标和重要步骤，明确将第一个百年奋斗目标确定为"全面建设惠及十几亿人口的更高水平的小康社会"。

中国共产党十七大对中国的发展战略目标提出了新的更高要求，不仅进一步明确了实现全面建设小康社会奋斗目标的新要求，而且明确提出了"建设富强民主文明和谐的社会主义现代化国家"的发展战略目标，把"社会和谐"明确纳入"基本实现社会主义现代化"的宏伟蓝图，这是现代化内涵和发展战略目标的再次拓展和重大提升。

中国共产党十八大在作出"第一个百年"要全面建成小康社会庄严承诺的同时，进一步明确提出了实现全面建成小康社会和全面深化改革开放的目标，进一步提出了要"促进现代化建设各方面相协调"的要求，在现代化的内涵上则更为丰富。

进入新世纪以来，北京、上海、天津和东南沿海一些率先发展起来的地区，如广东、浙江和江苏等，先后还提出了在全面建设小康社会的基础上，率先基本实现现代化的地域性设想和发展战略规划。

【1978—2018 年改革开放取得的伟大成就】

据国家统计局发布的数据显示，从 1978 年到 2018 年的改革开放 40 年，是中国国民经济大踏步前进、经济总量连续上新台阶的 40 年，是成功从低收入国家迈入中等偏上收入国家行列的 40 年，也是综合国力和国际影响力显著提升、实现历史性跨越的 40 年。

这 40 年经济持续快速增长，经济增速在全球范围内名列前茅。中国坚持以经济建设为中心，锐意推进改革，全力扩大开放，经济发展步入快车道。2017 年国内生产总值按不变价计算，比 1978 年增长 33.5 倍，年均增长 9.5%，平均每 8 年翻一番，远高于同期世界经济 2.9% 左右的年均增速，在全球主要经济体中名列前茅。

这 40 年经济总量连上新台阶，增量规模显著扩大。1978 年中国的国内生产总值只有 3679 亿元，之后连续跨越，1986 年上升到 1 万亿元，2000 年突破 10 万亿元大关，2017 年首次突破 80 万亿元，折合 12.3 万亿美元，站上历史新台阶。

这 40 年人均国内生产总值不断提高，成功由低收入国家跨入中等偏上收入国家行列。2017 年中国的人均国内生产总值 59660 元，扣除价格因素，比 1978 年增长 22.8 倍，年均实际增长 8.5%。中国人均国民总收入（GNI）由 1978 年的 200 美元提高到 2016 年的 8250 美元，超过中等偏上收入国家平均水平，在世界银行公布的 217 个国家

（地区）中排名上升到第 95 位。对于中国这样一个经济发展起点低、人口基数大的国家，能够取得这样的进步难能可贵。

这 40 年经济规模跃居世界第二位，对世界经济增长的贡献不断提高。1978 年中国的经济总量居世界第 11 位。2000 年超过意大利，居世界第六位；2007 年超过德国，居世界第三位；2010 年超过日本，成为世界第二大经济体。2017 年中国的国内生产总值折合 12.3 万亿美元，占世界经济总量的 15% 左右，比 1978 年提高 13 个百分点。近年来，中国对世界经济增长的年均贡献率超过 30%，日益成为世界经济增长的动力之源、稳定之锚。综合国力和国际影响力实现历史性跨越。

这 40 年外汇储备大幅增长，实现了从外汇短缺国到世界第一大外汇储备国的转变。1978 年中国的外汇储备仅 1.67 亿美元，位居世界第 38 位。随着开放型经济水平的提升，中国的经常项目盈余快速积累，吸引外资不断增加，外汇储备短缺成为历史。1990 年中国的外汇储备超过百亿美元，1996 年超过千亿美元，2006 年突破 1 万亿美元，超过日本位居世界第一位，2017 年末外汇储备余额达31399 亿美元。

中国共产党十九届六中全会通过的《中共中央关于党的百年奋斗重大成就和历史经验的决议》指出：

改革开放和社会主义现代化建设的伟大成就举世瞩目，我国实现了从生产力相对落后的状况到经济总量跃居世界第二的历史性突破，实现了人民生活从温饱不足到总体小康、奔向全面小康的历史性跨越，推进了中华民族从站起来到富起来的伟大飞跃。①

五、新时代提出"中国式现代化道路"

改革开放 40 多年来，中国仅用几十年的时间就取得了资本主义国家用几百年才取得的经济成就，使中华民族实现了从站起来到富起来的伟大飞跃。尤其是中国共产党十八大以来，以习近平同志为核心的党中央立足于世情、国情、党情的新变化新挑战，统筹国内国际两个大局，带领全体中国人民做了许多开创性工作，提出一系列新理念新思想新战略，出台一系列重大方针政策，推出一系列重大举措，推进一系列重大工作，解决了许多长期想解决而没有解决的难题，办成了许多过去想办而没有办成的大事，推动党和国家事业取得了历史性成就，发生了历史性变革，使中国特色社会主义进入新时代，开启了全面建设社会主义现代化国家的新征程。

---

① 《中共中央关于党的百年奋斗重大成就和历史经验的决议》，《人民日报》2021 年 11 月 17 日。

【中国共产党十八大—十九大五年间取得的经济成就】

据国家统计局发布的数据显示，在 2012—2017 年习近平主政的第一个五年间，中国的经济发展由高速增长期平稳进入到中高速增长期，年均增长率为 7.2%，仍居世界主要经济体前列，大大高于世界平均水平的 2.5%，以及新兴经济体平均水平的 4.0%。

2017 年，中国的国内生产总值达 82.7 万亿元，首次突破 80 万亿元大关，是 1978 年的 33.5 倍。

在 2012—2017 年的五年间，6000 多万贫困人口稳定脱贫，贫困发生率从 10.2% 下降到 4% 以下，有力助推了人类减贫事业的发展。

在中国共产党十八大以来取得的历史性成就、发生的历史性变革基础上，中国共产党十九大明确作出了"中国特色社会主义进入了新时代，这是我国发展新的历史方位"的重要论断。

中国共产党十九届六中全会通过的《中共中央关于党的百年奋斗重大成就和历史经验的决议》进一步指出：

以习近平同志为核心的党中央统筹把握中华民族伟大复兴战略全局和世界百年未有之大变局，强调中国特色社会主义新时代是承前启后、继往开来、在新的历史条件下继续夺取中国特色社会主义伟大胜利的时代，是决胜全面建成小康社会、进而全面建设社会主义现代化强国的时代，是全国各族人民团结奋斗、不断创造美好生活、逐步实现全体人民共同富裕的时代，是全体中华儿女勠力同心、奋力实现中华民族伟大复兴中国梦的时代，是我国不断为人类作出更大贡献的时代。中国特色社会主义新时代是我国发展新的历史方位。①

正是在作出中国特色社会主义进入新时代的新的历史方位的重要论断基础上，中国共产党十九大作出了分"两个阶段"基本实现和全面实现社会主义现代化的战略安排：

综合分析国际国内形势和我国发展条件，从二〇二〇年到本世纪中叶可以分两个阶段来安排。

第一个阶段，从二〇二〇年到二〇三五年，在全面建成小康社会的基础上，再奋斗十五年，基本实现社会主义现代化。

第二个阶段，从二〇三五年到本世纪中叶，在基本实现现代化的基础上，再奋斗十五年，把我国建成富强民主文明和谐美丽的社会主义现代化强国。

从全面建成小康社会到基本实现现代化，再到全面建成社会主义现代化强国，是新时代中国特色社会主义发展的战略安排。②

---

① 《中共中央关于党的百年奋斗重大成就和历史经验的决议》，《人民日报》2021 年 11 月 17 日。

② 《十九大以来重要文献选编》（上），中央文献出版社 2019 年版，第 19—20 页。

中国共产党十九大作出的这个"战略安排"，极大地提升了第二个百年奋斗目标的内涵。

一是把原来确立的基本实现社会主义现代化的发展战略目标从2050年左右提前到2035年完成。这是因为，改革开放40多年来的稳定快速发展使中国的发展超乎预期，中国特色社会主义道路迸发出来的巨大创造力，已经并将继续深刻而快速地改变中国面貌，中国有把握提前到2035年基本实现现代化。

二是基本实现现代化的发展战略目标能够提前完成，第二个百年奋斗目标自然也要升级。中国共产党十九大报告把第二个百年奋斗目标表述为"建成富强民主文明和谐美丽的社会主义现代化强国"。与中国共产党十八大报告相比，这个奋斗目标增加了"美丽"的要求和"强国"的表述，"美丽"意味着将生态文明建设和生态发展指标纳入现代化建设的内容；"强国"和"国家"虽然只有一字之差，但意味着中国特色社会主义建设的新目标不再是建成一般意义上的社会主义现代化国家，而是"物质文明、政治文明、精神文明、社会文明、生态文明将全面提升，实现国家治理体系和治理能力现代化，成为综合国力和国际影响力领先的国家"，是"全体人民共同富裕基本实现，我国人民将享有更加幸福安康的生活，中华民族将以更加昂扬的姿态屹立于世界民族之林"①的现代化强国。

中国特色社会主义进入新时代，使中国的发展站到了一个新的历史方位。从这个历史方位看，"新时代中国特色社会主义发展的战略安排"引人入胜，令人充满向往。在国家层面，是决胜全面建

---

① 《习近平谈治国理政》第三卷，外文出版社2020年版，第23页。

成小康社会进而全面建设社会主义现代化强国；在人民层面，是不断创造美好生活、逐步实现全体人民的共同富裕；在民族层面，是奋力实现中华民族伟大复兴；在中国和世界的关系层面，是中国日益走近世界舞台中央、不断为人类作出新的更大贡献。

显然，这些内涵和使命，也是紧扣中国共产党十八大以来习近平提出的"中国梦"所包括的国家富强、民族振兴、人民幸福的奋斗目标而言的。也就是说，"新时代中国特色社会主义发展的战略安排"使人们更加真切地看到，只要努力奋斗，就会贴近全面实现社会主义现代化强国和中华民族伟大复兴中国梦的目标。

中国共产党十八大以来，以习近平同志为核心的党中央立足新时代中国特色社会主义发展实践，勇立时代潮头，坚持以人民为中心，以新发展理念为引领，提出了一系列推进中国特色社会主义现代化发展的创新理论，引领"中国式现代化"迈向新征程。根据中国特色社会主义进入新时代的实际情况，提出了统筹推进经济建设、政治建设、文化建设、社会建设、生态文明建设的"五位一体"总体布局、协调推进从全面建成小康社会到全面建设社会主义现代化国家、全面深化改革、全面依法治国、全面从严治党的"四个全面"战略布局，提出了"坚持以人民为中心"的发展思想，提出并深入贯彻创新、协调、绿色、开放、共享的新发展理念，着力深化供给侧结构性改革，着力激发发展新动能，着力推进新型工业化、信息化、城镇化、农业现代化同步发展，着力解决发展不平衡、不协调、不可持续等问题，朝着"两个一百年"奋斗目标扎实推进，中华民族迎来"强起来"的伟大飞跃。

在庆祝中国共产党成立100周年大会上的讲话中，习近平鲜明地提出了"中国式现代化新道路"的概念，他说：

> 走自己的路，是党的全部理论和实践立足点，更是党
> 百年奋斗得出的历史结论。中国特色社会主义是党和人民
> 历经千辛万苦、付出巨大代价取得的根本成就，是实现
> 中华民族伟大复兴的正确道路。我们坚持和发展中国特色
> 社会主义，推动物质文明、政治文明、精神文明、社会文
> 明、生态文明协调发展，创造了中国式现代化新道路，创
> 造了人类文明新形态。①

"中国式现代化新道路"这一重要论断，是对中国共产党开创、坚持和发展中国特色社会主义的新提炼新诠释，也是对中国特色社会主义重大理论和实践意义的新概括新提升。

中国共产党十九大明确提出，中国特色社会主义道路、理论、制度、文化不断发展，拓展了发展中国家走向现代化的途径，给世界上那些既希望加快发展又希望保持自身独立性的国家和民族提供了全新选择，为解决人类问题贡献了中国智慧和中国方案。

2021年1月，习近平在省部级主要领导干部学习贯彻中国共产党十九届五中全会精神专题研讨班上进一步指出：

> 我们的任务是全面建设社会主义现代化国家，当然我
> 们建设的现代化必须是具有中国特色、符合中国实际的，

———————

① 习近平：《在庆祝中国共产党成立100周年大会上的讲话》，《人民日报》2021年7月2日。

我在党的十九届五中全会上特别强调了 5 点，就是我国现代化是人口规模巨大的现代化，是全体人民共同富裕的现代化，是物质文明和精神文明相协调的现代化，是人与自然和谐共生的现代化，是走和平发展道路的现代化。

习近平的这些重要论述，深入系统阐明了中国式现代化道路的鲜明特征和独特优势。

中国共产党十九届六中全会通过的《中共中央关于党的百年奋斗重大成就和历史经验的决议》进一步明确指出：

党领导人民成功走出中国式现代化道路，创造了人类文明新形态，拓展了发展中国家走向现代化的途径，给世界上那些既希望加快发展又希望保持自身独立性的国家和民族提供了全新选择。[1]

把中国建设成为社会主义现代化强国和实现中华民族伟大复兴，是近代以来中华民族爱国主义主题中最重要的内容。中国共产党十九大提出到 2035 年基本实现和到 2049 年全面实现社会主义现代化，具有十分重大的意义。邓小平曾针对中国"基本实现现代化"的重大意义说：

第一，是完成了一项非常艰巨的、很不容易的任务；

---

[1]　《中共中央关于党的百年奋斗重大成就和历史经验的决议》，《人民日报》2021 年 11 月 17 日。

第二，是真正对人类作出了贡献；第三，就更加能够体现社会主义制度的优越性。……这不但是给占世界总人口四分之三的第三世界走出了一条路，更重要的是向人类表明，社会主义是必由之路，社会主义优于资本主义。①

"中国式现代化道路"，开创了不同于西方资本主义国家实现现代化的新路径，以一种"人类文明新形态"拓展了人类文明发展进步的广阔空间，具有重大的理论意义、实践意义、历史意义和世界意义。

---

① 《邓小平文选》第三卷，人民出版社 1993 年版，第 224—225 页。

第二章
中国式现代化道路的社会主义性质

　　不同的道路必然导致不同的结果。回首近代以来中华民族波澜壮阔的历史，可以看到，许多仁人志士苦苦追寻中华民族摆脱落后挨打、走上民族复兴的道路，在中国共产党成立之前都失败了，直到中国共产党成立后才开辟了一条走向中国革命胜利的道路。新中国成立尤其是改革开放以来，终于探索出一条中国特色社会主义的成功之道，创造了中国式现代化道路。这一道路浓缩了近代以来中华民族的辛酸史血泪史抗争史，浓缩了中国共产党成立以来的探索史奋斗史创造史，深刻地体现了历史的选择、人民的选择、理论的创新和实践的创造。中国式现代化道路，首先走的是一条社会主义道路，体现的是社会主义性质和本质要求，社会主义本质要素是中国式现代化道路的首要元素。

一、社会主义与现代化有机结合的现代化

选择和坚持走社会主义革命和建设的道路，是中国近百年走向民族独立和国家富强的历史必然，是中国共产党带领全国各族人民在艰难曲折的不懈奋斗中唯一正确的道路选择。

近代以来，中华民族在太平天国、洋务运动、戊戌变法、义和团运动、辛亥革命和各种各样的主义救亡图存失败后，毛泽东得出结论说："我对于绝对的自由主义，无政府的主义，以及德谟克拉西主义，依我现在的看法，都只认为于理论上说得好听，事实上是做不到的。"①他认为，历史上凡是专制主义者，或帝国主义者，或军国主义者，非等到人家来推倒，绝没有自己肯收场的。他说：

> 我看俄国式的革命，是无可如何的山穷水尽诸路皆走不通了的一个变计，并不是有更好的方法弃而不采，单要采这个恐怖的方法。②

中国只能搞社会主义而不能搞资本主义，也搞不成资本主义，这是被历史所证明了的正确结论。

所以，在中国新民主主义革命、社会主义革命和建设、改革开放的历史进程中，始终坚持马克思主义指导思想，始终高举中国特色社会主义伟大旗帜，始终坚持中国特色社会主义共同理想，坚定

---

① 《毛泽东年谱（1893—1949）》（修订本）上卷，中央文献出版社 2013 年版，第 73 页。
② 《毛泽东书信选集》，中央文献出版社 2003 年版，第 4 页。

不移地走中国特色社会主义道路，是中国历史发展的必然结论。

中国式现代化道路的"社会主义本质要素"，就是指马克思主义这个"主义"、社会主义这个"主义"、中国特色社会主义这个"主义"。我们说中国搞改革开放，是社会主义的自我发展和自我完善；我们说中国发展市场经济，是社会主义的市场经济，而不是资本主义的市场经济；我们说习近平新时代中国特色社会主义思想，是与马克思列宁主义、毛泽东思想、邓小平理论、"三个代表"重要思想和科学发展观既一脉相承又与时俱进的科学理论，是马克思主义同新时代中国实际和时代特征相结合的产物，是马克思主义中国化最新成果，高度体现了马克思主义、社会主义本质要素和中国特色要素。

也就是说，中国式现代化道路始终坚定不移地坚持社会主义发展方向，既不走封闭僵化的老路，也不走改旗易帜的邪路。

【社会主义与现代化结合从理论到实践】

1848年2月《共产党宣言》的发表，宣告了人类社会从资本主义向社会主义发展的新纪元，社会主义从空想转变为科学。

1917年11月俄国"十月革命"的胜利，宣告了社会主义开始从理论、理想变为实践、现实。时至今日之世界，总体上虽然还是一个"一球两制"的世界，还处于从资本主义向社会主义过渡的大历史时期，甚至由于苏联解体、苏共垮台和东欧社会主义发生剧变，社会主义的发展曾遭遇历史低谷，但是再也不能用资本主义"一统天下"

的短视眼光与狭窄视角来审视人类社会的发展了。

马克思恩格斯曾认为，率先发生于欧洲的工业化、现代化，必将最深刻地改变人类社会乃至自然界，由于其向全球的扩张性和世界交往的普遍形成，民族的、地域的历史必将向"世界历史"转变，必将席卷地球上的所有国家和民族。他们指出："由于开拓了世界市场，使一切国家的生产和消费都成为世界性的了。""由于一切生产工具的迅速改进，由于交通的极其便利，把一切民族甚至最野蛮的民族都卷到文明中来了。它的商品的低廉价格，是它用来摧毁一切万里长城、征服野蛮人最顽强的仇外心理的重炮。它迫使一切民族——如果它们不想灭亡的话——采用资产阶级的生产方式；它迫使它们在自己那里推行所谓的文明，即变成资产者。一句话，它按照自己的面貌为自己创造出一个世界。"①

资产阶级利用工业化、现代化发展社会生产力，开辟了现代资本主义社会。但是，工业化、现代化并不为资本主义所专有，现代资本主义社会也绝不是"现代社会"的全部、终点和完结，日益资本主义化的现代社会，因其内在无法克服的结构性矛盾而必然向社会主义迈进。马克思恩格斯所设想的社会主义、共产主义理想社会，正是建立在资本主义社会已完成的工业化和现代化基础之上。

社会主义从科学理论转化为伟大实践，虽然不是完全

---

① 《马克思恩格斯选集》第1卷，人民出版社1995年版，第276页。

按照马克思恩格斯所设想的途径和方式实现的，但是社会主义同样可以利用工业化、现代化发展社会生产力。这已为社会主义的伟大实践所证明。苏联曾把社会主义与工业化、现代化结合在一起，创造了加快工业化进程的苏联社会主义现代化模式。这一模式虽然在取得巨大成就的同时也付出了巨大代价，并最终由于缺乏内生动力而退出了历史舞台，但是它说明社会主义与现代化的结合是具有可能性的。

把社会主义与现代化结合在一起，通过在社会主义制度下加快实现中国的现代化，这是中国共产党带领中国人民进行的一场伟大实践和伟大创造。新中国成立后，以科学社会主义基本原则为指向的社会主义制度建设和以工业化、现代化为核心的现代国家建设，就从马克思恩格斯所设想的历时性关系变成了一种共时性关系。一方面，在中国实现工业化、现代化，是在社会主义制度下实现的，实现的工业化、现代化具有鲜明的社会主义性质；另一方面，社会主义又是通过实现工业化和现代化来发展社会主义社会生产力、把自己建设成为合格的社会主义的，从而使工业化、现代化具有了资本主义工业化、现代化所没有的内涵。

中国共产党所开创的中国特色社会主义、创造的中国式现代化道路，既高度体现了科学社会主义的基本原则，又蕴含着现代化的普遍特征，实现了社会主义与现代化两者的有机结合。

这一道路的鲜明特色，就是始终根据社会主义性质来确立现代化的发展战略目标和推进现代化的发展进程，同时又始终以确立现代化的发展战略目标和推进现代化的发展进程来巩固和发展中国特色社会主义，两者融为一体，齐头并进。

因此，中国要全面建设的现代化，是坚持科学社会主义基本原理的现代化，是社会主义制度下的现代化，而不是资本主义制度下的现代化，或苏联时期社会主义模式的现代化，或别的什么主义的现代化，这是由中国社会主义性质和基本国情所决定的。由此所创造的中国式现代化道路，首先是不同于资本主义性质的社会主义性质的现代化道路。

邓小平说：

> 我们干四个现代化，人们都说好，但有些人脑子里的四化同我们脑子里的四化不同。我们脑子里的四化是社会主义的四化。他们只讲四化，不讲社会主义。这就忘记了事物的本质，也就离开了中国的发展道路。这样，关系就大了。在这个问题上我们不能让步。①

> 坚持社会主义，是中国一个很重要的问题。如果十亿人的中国走资本主义道路，对世界是个灾难，是把历史拉向后退，要倒退好多年。②

邓小平明确提出："我们要用发展生产力和科学技术的实践，用精神文明、物质文明建设的实践，证明社会主义制度优于资本主义制度，让发达的资本主义国家的人民认识到，社会主义确实比资

---

① 《邓小平文选》第三卷，人民出版社 1993 年版，第 204 页。
② 《邓小平文选》第三卷，人民出版社 1993 年版，第 158 页。

本主义好。"①

【坚定走中国特色社会主义道路】

坚定地走社会主义道路，坚持和发展中国特色社会主义，是中国共产党、中国人民、中华民族的不二选择。"坚持和发展中国特色社会主义"鲜明地回答了当代中国走什么路、举什么旗的根本问题，鲜明地指出了坚持和发展中国特色社会主义对于推进中国社会主义现代化的极端重要性，鲜明地表达了中国共产党团结带领中国人民坚持中国特色社会主义的坚定信念。

中国共产党十七大报告指出："中国特色社会主义道路之所以完全正确、之所以能够引领中国发展进步，关键在于我们既坚持了科学社会主义的基本原则，又根据我国实际和时代特征赋予其鲜明的中国特色。在当代中国，坚持中国特色社会主义道路，就是真正坚持社会主义。"②

中国共产党十八大报告进一步指出："建设中国特色社会主义，总依据是社会主义初级阶段，总布局是五位一体，总任务是实现社会主义现代化和中华民族伟大复兴。中国特色社会主义，既坚持了科学社会主义基本原则，又根据时代条件赋予其鲜明的中国特色，以全新的视野深化了对共产党执政规律、社会主义建设规律、人类社会发展

---

① 《邓小平年谱（一九七五——一九九七）》下卷，中央文献出版社2004年版，第1255页。
② 《十七大以来重要文献选编》（上），中央文献出版社2009年版，第9页。

规律的认识，从理论和实践结合上系统回答了在中国这样人口多底子薄的东方大国建设什么样的社会主义、怎样建设社会主义这个根本问题，使我们国家快速发展起来，使我国人民生活水平快速提高起来。实践充分证明，中国特色社会主义是当代中国发展进步的根本方向，只有中国特色社会主义才能发展中国。"①

中国共产党十九大报告则更鲜明地提出：

中国特色社会主义进入新时代，意味着近代以来久经磨难的中华民族迎来了从站起来、富起来到强起来的伟大飞跃，迎来了实现中华民族伟大复兴的光明前景；意味着科学社会主义在二十一世纪的中国焕发出强大生机活力，在世界上高高举起了中国特色社会主义伟大旗帜；意味着中国特色社会主义道路、理论、制度、文化不断发展，拓展了发展中国家走向现代化的途径，给世界上那些既希望加快发展又希望保持自身独立性的国家和民族提供了全新选择，为解决人类问题贡献了中国智慧和中国方案。②

目前，处于强势的资本主义制度随着美国强势地位的衰退而日益走向衰退，处于弱势的社会主义制度随着中国国际地位的提升而日益形成国际性影响力，虽然在相当长的历史时期内，两者仍然还

---

① 《十八大以来重要文献选编》（上），中央文献出版社 2014 年版，第 10—11 页。
② 《习近平谈治国理政》第三卷，外文出版社 2020 年版，第 8—9 页。

处在非对称、非均衡的状态，但是，正如苏东剧变后举办的一次国际性学术会议上有学者所指出的那样：隧道的尽头是社会主义。

当今世界，如果说没有社会主义的世界是不完整的世界，那么同样可以说，没有中国特色社会主义的世界也是不完整的世界。甚至可以说，如果没有中国特色社会主义，如今的世界社会主义则不成其为世界社会主义。中国是人类的中国、是世界的中国，是全球的有机组成部分，在全世界日显其重要作用和重要责任。习近平说：

> 中国特色社会主义是社会主义而不是其他什么主义，科学社会主义基本原则不能丢，丢了就不是社会主义。[1]
>
> 我们要建设的是中国特色社会主义，而不是其他什么主义。历史没有终结，也不可能被终结。中国特色社会主义是不是好，要看事实，要看中国人民的判断，而不是看那些戴着有色眼镜的人的主观臆断。中国共产党人和中国人民完全有信心为人类对更好社会制度的探索提供中国方案。[2]

社会主义本质要素是衡量中国式现代化道路的决定性要素。全面建设社会主义现代化强国，实现物质文明、政治文明、精神文明、社会文明、生态文明的协调发展和全面提升，归根结底是要实现"以人民为中心"的现代化，实现全体人民对美好生活的向往和共同富裕的现代化。

---

[1] 《十八大以来重要文献选编》（上），中央文献出版社2014年版，第109页。

[2] 《十八大以来重要文献选编》（下），中央文献出版社2018年版，第349页。

二、坚持中国共产党领导的现代化

中国式现代化道路之所以能够实现社会主义与现代化有机结合，关键在于它是坚持中国共产党领导的现代化。中国共产党的领导，是中国特色社会主义最本质的特征，也是中国式现代化道路最本质的特征。

中国共产党自成立以来，始终秉承"为中国人民谋幸福，为中华民族谋复兴"的初心与使命，在中国革命、建设和改革各个时期，带领中国人民万众一心，共同奋斗，取得一个又一个胜利。中国共产党始终是中国人民和中华民族的"主心骨"、顶梁柱，是中国革命、建设和改革的领导核心，也是创造中国式现代化道路的领导核心。

2015 年 12 月 11 日，习近平在全国党校工作会议上的讲话中指出：

> 中国有了中国共产党执政，是中国、中国人民、中华民族的一大幸事。只要我们深入了解中国近代史、中国现代史、中国革命史，就不难发现，如果没有中国共产党领导，我们的国家、我们的民族不可能取得今天这样的成就，也不可能具有今天这样的国际地位。①

在中国革命、建设和改革的历史进程中，在中国式现代化道路

---

① 习近平：《在全国党校工作会议上的讲话》，《求是》2016 年第 9 期。

的创造过程中，可以看到，坚持社会主义与现代化的有机结合，使中国式现代化始终体现社会主义性质和本质要求，关键在于坚持中国共产党的领导。中国共产党是中华民族走向现代化和实现民族伟大复兴无可替代的领导核心，也是创造中国式现代化道路无可替代的领导核心。

（一）中国共产党领导中国人民实现了国家独立和民族自觉

国家独立和民族自觉，是一个国家和民族走上现代化道路的基础和前提。没有国家独立和民族自觉，就不可能有国家和民族的现代化。在半殖民地半封建社会的旧中国，因为没有完整的国家主权，因此不可能真正实现国家和民族的现代化。为此，中国共产党首先高举反帝反封建的大旗，以武装斗争的革命手段，反对一切阻碍中华民族实现现代化和伟大复兴的反革命势力，领导中国人民首先进行了一场艰苦卓绝的新民主主义革命。

经过 28 年的浴血奋战，推翻了沉重地压在中国人民头上的帝国主义、封建主义、官僚资本主义三座大山，建立人民当家作主的社会主义根本制度，实现了国家独立和民族解放，从而为实现中华民族的现代化奠定了国家独立、民族自觉、人民当家作主的历史前提，为国家和民族实现现代化奠定了根本的经济政治制度基础。

（二）中国共产党是中国式现代化道路的领导者谋划者推动者

实现现代化和民族复兴，是近代以来中华民族几代人的梦想。

新中国成立后，中国共产党回应民族夙愿和人民期待，以现代化发展战略为施政蓝图，绘就了中国社会主义现代化建设的宏伟画卷。在不同的历史时期，中国共产党坚持从实际出发，制定社会主义现代化发展战略，通过国家规划，不断推向实践。可以说，中国共产党始终是中国社会主义现代化建设的领导者、谋划者和推动者，中国式现代化道路的形成是中国共产党积极谋划、凝心聚力、不断推进的结果。通过人民代表大会制度和政治协商制度，中国共产党把实现现代化和民族复兴的人民意志上升为国家发展战略，确定"主框架"，描绘"作战图"，制定"进程表"，致力于实现中国式现代化的递进式系统布局，并团结一切愿意为中国社会主义现代化建设作出贡献的各种力量，带领全国各族人民为之奋斗，不断谱写实现中国式现代化的辉煌篇章。

在实施现代化发展战略的过程中，尽管也曾遇到过种种困难、出现过挫折乃至失误，但中国共产党具有自我革新、自我革命、自我纠错的勇气，不断总结历史经验，发挥社会主义制度的优势，发挥统领全局的重要作用。

（三）中国共产党是具有人类视野和世界担当的领导力量

资本主义推动的工业化、现代化道路，一方面推动了人类社会生产力的巨大发展；另一方面也导致了现代资本主义社会无法克服的内在矛盾和人类社会的种种危机，国内在资本积累的基础上形成了财富和贫困的严重分化，国际由于资本的世界扩张造成了巨大的人类灾难，导致两次世界大战，人类面临经济危机、政治危机、生态危机、全球治理危机等威胁，不断拷问着人类生存的文明底线。作为资本主义的替代者和超越者，社会主义从一出现，就必然承担着探索人类社会实现现代化的全新道路的新使命。

中国式现代化道路，"新"就新在中国共产党领导中国人民既推动了中华民族伟大复兴的历史进程，又推动了人类文明发展的历史进程；既取得了彪炳史册的中国特色社会主义伟大成就，又创造出人类文明发展的新形态。作为马克思主义政党，中国共产党不仅具有民族情怀和国家使命，而且具有人类视野和世界担当，注重为世界谋大同，注重世界和平发展、合作共赢，积极构建人类命运共同体，使中国式现代化道路具有人类的道义性和普惠性。

中国式现代化道路，不仅仅是谋求中国一国的利益，而且主张国家平等、文明互鉴、包容发展、互利普惠，尊重世界多样、道路多样、文明多样，从而使社会主义不仅在中国焕发出蓬勃生机活力，而且使社会主义在与资本主义两种制度、两种现代化道路的比较和较量中形成世界生命力影响力吸引力，发生有利于马克思主义和社会主义的深刻转变。

2021 年 7 月 1 日，习近平在庆祝中国共产党成立 100 周年大会上的讲话中说，以史为鉴，可以知兴替。要用历史映照现实、远观未来，从中国共产党百年奋斗中看清楚过去中国共产党为什么能够成功、弄明白未来中国共产党怎样才能继续成功，从而在新的征程上更加坚定、更加自觉地牢记初心使命、开创美好未来。

　　以史为鉴、开创未来，必须不断推进党的建设新的伟大工程。勇于自我革命是中国共产党区别于其他政党的显著标志。我们党历经千锤百炼而朝气蓬勃，一个很重要的原因就是我们始终坚持党要管党、全面从严治党，不断应对好自身在各个历史时期面临的风险考验，确保我们党在世界形势深刻变化的历史进程中始终走在时代前列，在应对国内外各种风险挑战的历史进程中始终成为全国人民的主心骨！①

建设社会主义现代化强国，坚持走中国式现代化道路，必须长期坚持、永不动摇中国共产党的领导，而且要把中国共产党建设成为世界上最强大的执政党。

三、实现全体人民共同富裕和美好生活的现代化

马克思主义所设想的社会主义、共产主义理想社会的道义制高点，就在于始终代表最广大人民的根本利益，无产阶级政党除了代表全体人民的利益，没有自己特殊的集团利益。中国共产党的领导、中国的社会主义国家制度和国家治理体系的出发点和落脚点，都在于实现好、维护好、发展好最广大人民的根本利益。实现全体人民的共同富裕和美好生活，是社会主义的本质要求，也是中国式现代化道路的重要特征。

追求国家富强，是世界各国现代化追求的目标。但是，中国式

---

① 习近平：《在庆祝中国共产党成立 100 周年大会上的讲话》，《人民日报》2021 年 7 月 2 日。

现代化道路所追求的富强，不是资本主义现代化所追求的贫富两极分化的富强，而是显著区别于资本主义贫富两极分化的全体人民的共同富裕和美好生活，绝不能出现"富者累巨万，而贫者食糟糠"的现象。

实现全体人民的共同富裕，不能搞贫富两极分化，既是社会主义的本质要求，也是由中国庞大的人口国情所决定的。邓小平曾说：

中国情况是非常特殊的，即使百分之五十一的人先富裕起来了，还有百分之四十九，也就是六亿多人仍处于贫困之中，也不会有稳定。中国搞资本主义行不通，只有搞社会主义，实现共同富裕，社会才能稳定，才能发展。①

邓小平明确指出，中国搞的四个现代化是社会主义的四个现代化，只有社会主义才能有凝聚力，才能解决大家的困难，才能避免两极分化，逐步实现共同富裕。②

邓小平明确地把"共同富裕"看作是"体现社会主义本质的一个东西"，指出社会主义的一个含义就是"共同富裕"，认为共同富裕就是"社会主义的目的"、"社会主义的原则"和"社会主义最大的优越性"。他说：

---

① 《邓小平年谱（一九七五——一九九七）》下卷，中央文献出版社 2004 年版，第 1312 页。
② 《邓小平文选》第三卷，人民出版社 1993 年版，第 357 页。

社会主义的本质，是解放生产力，发展生产力，消灭剥削，消除两极分化，最终达到共同富裕。①

社会主义的目的就是要全国人民共同富裕，不是两极分化。如果我们的政策导致两极分化，我们就失败了；如果产生了什么新的资产阶级，那我们就真是走了邪路了。②

共同致富，我们从改革一开始就讲，将来总有一天要成为中心课题。社会主义不是少数人富起来、大多数人穷，不是那个样子。社会主义最大的优越性就是共同富裕，这是体现社会主义本质的一个东西。如果搞两极分化，情况就不同了，民族矛盾、区域间矛盾、阶级矛盾都会发展，相应地中央和地方的矛盾也会发展，就可能出乱子。③

改革开放以来，中国共产党反复强调，共同富裕是中国特色社会主义的根本原则，实现共同富裕是中国共产党的重要使命，中国追求的发展是造福人民的发展，追求的富裕是全体人民共同富裕，要让发展成果更多更公平惠及全体人民，不断促进人的全面发展，朝着实现全体人民共同富裕不断迈进，等等。

所谓共同富裕，并不仅仅指物质生活上的极大富裕，而且还包括全体人民精神生活上的极大丰富。马克思主义认为，财富是人的

① 《十七大以来重要文献选编》（下），中央文献出版社 2013 年版，第 636 页。
② 《邓小平年谱（一九七五——一九九七）》下卷，中央文献出版社 2004 年版，第 1032 页。
③ 《邓小平文选》第三卷，人民出版社 1993 年版，第 364 页。

全面发展的重要条件和重要内容，这种财富既包括物质财富，也包括精神财富。恩格斯曾明确指出：

> 通过社会生产，不仅可能保证一切社会成员有富足的和一天比一天充裕的物质生活，而且还可能保证他们的体力和智力获得充分的自由的发展和运用。①

所谓人的自由全面发展，一方面必须建立在高度发达的物质基础上，必须有丰富的物质产品来满足人的物质生活方面的需要，这是共同富裕最基本的内容。但是，如果只有物质生活的富裕而没有丰富的精神生活，这种富裕并不是现代文明的真正富裕。因此，另一方面，分享人类的精神产品和科学文化成果，提高精神生活水平，也是人的全面发展的重要内容，甚至是更为重要的内容，是人的共同需要。所以，建设高度的物质文明和高度的精神文明，既是中国式现代化的重要内容，也是实现共同富裕的目标要求。邓小平曾说：

> 我们要建设的社会主义国家，不但要有高度的物质文明，而且要有高度的精神文明。所谓精神文明，不但是指教育、科学、文化（这是完全必要的），而且是指共产主义的思想、理想、信念、道德、纪律，革命的立场和原则，人与人的同志式关系，等等。……没有这种精神文明，

---

① 《马克思恩格斯选集》第3卷，人民出版社1995年版，第633页。

没有共产主义思想，没有共产主义道德，怎么能建设社会主义？①

物质生活的富裕和精神生活的富裕、人的自由全面发展与人的文明素质提高，共同构成社会主义共同富裕的完整内容和鲜明特征。

实现全体人民物质生活富裕与精神生活富裕的有机组合，就是实现全体人民对美好生活的向往。中国共产党十八大以来，习近平鲜明地提出："人民对美好生活的向往，就是我们的奋斗目标。"②他还指出："我们的人民热爱生活，期盼有更好的教育、更稳定的工作、更满意的收入、更可靠的社会保障、更高水平的医疗卫生服务、更舒适的居住条件、更优美的环境，期盼孩子们能成长得更好、工作得更好、生活得更好。"③习近平把"人民对美好生活的向往"确立为新时代中国共产党人的奋斗目标和重要责任，把群众的安危冷暖放在心上，以高度负责的态度，真心诚意地为人民群众办实事做好事解难事，高度体现了马克思主义指导思想和社会主义的本质要求，凸显了物质文明与精神文明协调发展是中国式现代化的重要特征。习近平指出：

人民有信仰，民族有希望，国家有力量。实现中华民族伟大复兴的中国梦，物质财富要极大丰富，精神财富也

① 《邓小平文选》第二卷，人民出版社 1994 年版，第 367 页。
② 《习近平谈治国理政》，外文出版社 2014 年版，第 4 页。
③ 《习近平谈治国理政》，外文出版社 2014 年版，第 4 页。

要极大丰富。我们要继续锲而不舍、一以贯之抓好社会主义精神文明建设，为全国各族人民不断前进提供坚强的思想保证、强大的精神力量、丰润的道德滋养。①

中国人民勤劳善良，自古以来就充满了对美好生活的向往，自古便有"大同"式的"使老有所终，壮有所用，少有所长，鳏寡孤独废疾者，皆有所养"的美好社会构想，自古便有对"桃花源记"式的安宁和乐、自由平等生活的描绘和对美好生活的追求。由于晚清封建王朝腐朽至极，自鸦片战争后西方列强开始掠夺中国，在内忧外患的历史背景下，无数仁人志士和中华儿女仍然充满着对安宁幸福生活的向往，魏源的《海国图志》、康有为的《大同书》和孙中山的《建国方略》等，都描绘着中华民族未来美好生活的图景，并开始了为改变国家命运的不懈奋斗历程。

中国共产党以"为中国人民谋幸福，为中华民族谋复兴"为初心和使命，领导中国人民开始了艰苦卓绝的奋斗，建立了社会主义新中国，开启了社会主义现代化建设的新征程。在长期的革命、建设和改革过程中，中国共产党始终坚守中华民族和中国人民的根本利益，聚焦于人民群众对美好生活的向往。

人民群众对美好生活的需要，是全方位多层次立体性的，不仅对物质生活提出了更高要求，而且对民主、法治、公平、正义、安全、环境等方面的要求日益增长。中国共产党十九大提出的基本实现和全面实现社会主义现代化的战略安排，鲜明地体现了这一目标

---

① 《习近平谈治国理政》第二卷，外文出版社 2017 年版，第 323 页。

要求："人民生活更为宽裕，中等收入群体比例明显提高，城乡区域发展差距和居民生活水平差距显著缩小，基本公共服务均等化基本实现，全体人民共同富裕迈出坚实步伐"①。"社会文明程度达到新的高度，国家文化软实力显著增强，中华文化影响更加广泛深入"②。

《中华人民共和国国民经济和社会发展第十四个五年规划和2035 年远景目标纲要》更加明确了文化软实力建设的方向、内容和重点，明确提出到 2035 年"建成文化强国、教育强国、人才强国、体育强国、健康中国，国民素质和社会文明程度达到新高度，国家文化软实力显著增强"的远景目标，体现了物质文明与精神文明协调发展、满足人民物质文化需求和增强人民精神力量相统一的社会主义现代化要求。

在一个 14 亿多人口的大国实现全体人民的共同富裕和美好生活，是一项前无古人的伟大事业，必须脚踏实地、久久为功。中国共产党十九届五中全会提出了具体要求：到 2035 年，"人均国内生产总值达到中等发达国家水平，中等收入群体显著扩大，基本公共服务实现均等化，城乡区域发展差距和居民生活水平差距显著缩小"。"人的全面发展、全体人民共同富裕取得更为明显的实质性进展"。这些论述，描绘了实现共同富裕和美好生活的宏伟蓝图，指明了实现共同富裕和美好生活的前进方向。

中国共产党始终以一种辩证的、全面的、平衡的观点，正确处理物质文明和精神文明的关系，认为只有物质文明建设和精神文明

---

① 《习近平谈治国理政》第三卷，外文出版社 2020 年版，第 22—23 页。
② 《习近平谈治国理政》第三卷，外文出版社 2020 年版，第 22 页。

建设"两手抓、两手都要硬",两者都搞好,国家物质力量和精神力量都增强,全国各族人民物质生活和精神生活都改善,中国特色社会主义事业才能顺利向前推进。实现全体人民的共同富裕和美好生活,凸显了中国式现代化道路的社会主义性质和本质要求,凸显了物质文明和精神文明协调发展的丰富内涵,凸显了中国这样一个超规模人口大国实现现代化的必由之路,为解决人类问题贡献了中国智慧和中国方案。

四、实现国家治理体系和治理能力现代化

中国式现代化道路,是坚持社会主义制度的现代化新道路,是坚定中国特色社会主义道路自信、理论自信、制度自信和文化自信的现代化。其中,坚持中国特色社会主义制度自信,是社会主义与现代化有机结合的制度体现,是中国式现代化道路的重要内容。

新中国成立尤其是改革开放以来,我国创造了世所罕见的经济发展奇迹和社会稳定奇迹。在社会主义制度建设方面,中国用 70 多年的时间构建起了社会主义根本制度、基本制度和重要制度,形成了相辅相成、全面完整的中国特色社会主义制度体系,既表明社会主义在中国取得了巨大成功,也表明中国共产党对共产党执政规律、社会主义建设规律、人类社会发展规律的科学把握。

在改革开放和社会主义现代化建设新时期,尽管对一些具体制度也有不少改革和完善,但经过实践检验,证明中国的社会主义根本制度、基本制度和重要制度是适合中国基本国情的,体现了中

国特色社会主义的制度优势，因而至今仍在坚持。正是这些根本制度、基本制度和重要制度为改革开放和中国特色社会主义发展提供了稳定的政治环境、有力的组织保障和广阔的活动平台。

新时代讲中国特色社会主义制度自信，已经很有底气。

改革开放后，邓小平深刻地认识到社会主义制度建设对当代中国政治发展和建设中国式现代化的重要性，并且提出要把建立更加成熟、更加定型的社会主义制度作为改革开放的重要目标。他说："这种制度问题，关系到党和国家是否改变颜色，必须引起全党的高度重视。"①1992 年在南方谈话中，他曾这样预言："恐怕再有三十年的时间，我们才会在各方面形成一整套更加成熟、更加定型的制度。在这个制度下的方针、政策，也将更加定型化。"②

进入新时代以来，在关于社会主义制度建设问题上，中国共产党明确提出了全面深化改革的总目标就是完善和发展中国特色社会主义制度，推进国家治理体系和治理能力现代化，到 2020 年在重要领域和关键环节改革上取得决定性成果，完成提出的改革任务，形成系统完备、科学规范、运行有效的制度体系，使各方面制度更加成熟更加定型。明确提出"实现国家治理体系和治理能力现代化"，这是完善和发展中国特色社会主义制度的必然要求，是建设中国社会主义制度现代化的重要标志，是创造中国式现代化道路的题中应有之义。习近平指出：

必须适应国家现代化总进程，提高党科学执政、民主

---

① 《邓小平文选》第二卷，人民出版社 1994 年版，第 333 页。
② 《邓小平文选》第三卷，人民出版社 1993 年版，第 372 页。

执政、依法执政水平，提高国家机构履职能力，提高人民群众依法管理国家事务、经济社会文化事务、自身事务的能力，实现党、国家、社会各项事务治理制度化、规范化、程序化，不断提高运用中国特色社会主义制度有效治理国家的能力。①

一个国家选择什么样的治理体系，是由这个国家的历史传承、文化传统、经济社会发展水平决定的，是由这个国家的人民决定的。我国今天的国家治理体系，是在我国历史传承、文化传统、经济社会发展的基础上长期发展、渐进改进、内生性演化的结果。②

评价一个国家的现代化水平和综合国力，不仅包括"硬实力"如经济实力、科技实力、军事实力等，而且包括"软实力"如制度（政治）软实力、文化软实力（狭义上的）和国际影响力等。制度软实力是现代国家实现现代化的重要内容。在世界现代化的进程中，可以看到，西方国家之所以能够在近现代迅速崛起，其中一个重要原因，就是建立起了与社会生产力发展水平需要和与资本主义生产关系相适应的资本主义政治制度。

从中国社会主义现代化建设的历史看，早在新中国成立之初，就提出了"工业现代化、农业现代化、国防现代化、科学技术现代化"的"四个现代化"，到中国共产党十八大又提出了"新型工业化、信息化、城镇化、农业现代化"的"新四化"。相对而言，这

---

① 《习近平谈治国理政》，外文出版社 2014 年版，第 104 页。
② 《习近平谈治国理政》，外文出版社 2014 年版，第 105 页。

些现代化的内涵主要集中体现在"硬实力"要素方面。中国共产党十八大以来，中国进一步提出了提升文化软实力、提升国际影响力等"软实力"要素的现代化内涵。

在此基础上，中国共产党十八届三中全会首次提出了"推进国家治理体系和治理能力现代化"的重要战略任务，被外界视为新时代"现代化"内涵的进一步丰富，有人把它称为"第五个现代化"。此后，中国共产党将"必须坚持和完善中国特色社会主义制度，不断推进国家治理体系和治理能力现代化"写入了中国共产党十九大报告，并把它明确作为"分两个阶段"基本实现和全面实现社会主义现代化的重要内容。

一个国家的制度体系，是一个国家的治理体系和治理能力的基础和前提。"国家治理体系和治理能力现代化"这个概念，可以涵括新中国成立 70 多年来对社会主义制度建设的探索。中国共产党十九届四中全会专门研究在坚持中国特色社会主义制度的基础上，改革不适应实践发展要求的体制机制、法律法规，不断构建新的体制机制、法律法规，以推动中国特色社会主义制度更加完善和更加成熟定型，致力于国家治理体系和治理能力的现代化，实质上就是开启全面建设社会主义制度现代化的新征程。当然，中国的制度现代化是坚持社会主义方向、立场、原则的制度现代化，而不是"西方化"①与资本主义化的制度现代化。

所谓完善和发展中国特色社会主义制度、推进国家治理体系和

①　文中"西方"一词不是一个地理概念，而是指采取资本主义制度的国家或地区，包括欧洲，亚洲的日本、韩国、新加坡、中国台湾、中国香港，以及拉美一些国家或地区。"西方式现代化"统称资本主义国家的现代化。

治理能力现代化，就是要适应中国特色社会主义进入新时代的发展要求，既改革不适应坚持和发展中国特色社会主义实践要求的旧制度旧机制，又构建起推进中国特色社会主义伟大事业的新制度新机制，使中国特色社会主义的经济建设、政治建设、文化建设、社会建设、生态文明建设和党的建设新的伟大工程等各方面的制度体制机制更加科学、更加完善、更加规范，推动党和国家各项工作规范化、制度化和程序化，不断提高中国共产党的领导水平和科学执政、民主执政、依法执政的能力。

2014 年 2 月 17 日，习近平在省部级主要领导干部学习贯彻十八届三中全会精神全面深化改革专题研讨班开班式上的讲话中指出：

> 从世界历史角度看，经过长期剧烈的社会变革之后，一个政权要稳定下来，一个社会要稳定下来，必须加强制度建设，而形成比较完备的一套制度往往需要较长甚至很长的历史时期。我们说过，巩固和发展社会主义制度，还需要一个很长的历史阶段，需要我们几代人、十几代人、甚至几十代人坚持不懈地努力奋斗。

中国共产党把制度现代化建设作为中国式现代化道路的重要内容，大力推进国家治理体系和治理能力现代化，体现了人类社会现代化发展的时代要求和世界发展潮流。在国家治理体系和治理能力的建设史上，中国共产党十九届四中全会是一次具有开创性、里程碑意义的会议，它全面回答了在中国国家制度和国家治理上应该

"坚持和巩固什么、完善和发展什么"这个重大政治问题。

中国共产党把中国共产党的领导制度建设放在国家治理体系和治理能力现代化的首位、把社会主义市场经济体制上升为中国社会主义基本经济制度、突出国家治理效能在国家治理体系和治理能力现代化中的重要意义、推进国家治理体系和治理能力主体关系的科学化、确立国家治理体系和治理能力现代化的基本方式，在坚持中国特色社会主义制度的基础上，开启了全面建设社会主义制度现代化的新征程。

五、"五大文明"协调发展与全面提升的现代化

中国式现代化道路，是中国共产党在社会主义制度下领导中国人民探索和开创的现代化新道路。从内容上看，这一新道路表现为改革开放以来坚持和发展中国特色社会主义，推动物质文明、政治文明、精神文明、社会文明、生态文明协调发展和全面提升，从而创造了人类文明的一种新形态。

中国式现代化道路与物质文明、政治文明、精神文明、社会文明、生态文明协调发展之间，相辅相成，相得益彰。一方面，中国式现代化道路推动了物质文明、政治文明、精神文明、社会文明、生态文明的协调发展。另一方面，物质文明、政治文明、精神文明、社会文明、生态文明的协调发展，同时也构成了中国式现代化道路的丰富内涵。物质文明、政治文明、精神文明、社会文明、生态文明协调发展，是从人类文明发展高度对中国式现代化道路的新

概括，它既体现了社会主义本质的内在要求，又遵循现代化发展的一般规律，同时又具有鲜明的中国特色。

所谓"物质文明"，一般主要指经济发展的现代化。中国式现代化道路建设的物质文明，不同于西方式现代化意义上的经济发展和物质文明，而是对西方式现代化道路的超越。这种超越，体现在经济发展上坚持和完善社会主义基本经济制度，坚持"以人民为中心"的发展思想，推动有效市场和有为政府的更好结合。而西方式现代化实行的是资本主义基本经济制度，一切经济发展和物质文明都以资本逻辑为基础和发展动力。从新中国成立初期提出实现工业、农业、交通运输业和国防的"四个现代化"，到1964年调整为农业、工业、国防和科学技术的"四个现代化"，再到新时代提出新型工业化、信息化、城镇化、农业现代化的新的"四个现代化"，中国经济发展的现代化和物质文明建设的内涵，都是随着中国和世界的发展变化而不断丰富和深化的。习近平指出：

> 我国现代化同西方发达国家有很大不同。西方发达国家是一个"串联式"的发展过程，工业化、城镇化、农业现代化、信息化顺序发展，发展到目前水平用了二百多年时间。我们要后来居上，把"失去的二百年"找回来，决定了我国发展必然是一个"并联式"的过程，工业化、信息化、城镇化、农业现代化是叠加发展的。[1]

---

[1] 《习近平关于科技创新论述摘编》，中央文献出版社2017年版，第159页。

新的"四个现代化"，既体现了中国作为后发现代化国家的特点，又体现了中国式现代化道路的原创性要求。

经过长期努力，中国的物质文明建设取得了前所未有的巨大成就。中国共产党带领中国人民创造的物质文明，以解放和发展生产力为核心，以满足人民日益增长的美好生活需要为目的，确立社会主义市场经济体制，推动国民经济持续快速增长；实行按劳分配为主体、多种分配方式并存的分配制度，推动全体人民共同富裕不断取得新进展，在中华大地上全面建成了小康社会，历史性地解决了绝对贫困问题，实现了从生产力相对落后的状况到经济总量跃居世界第二位的历史性突破，为实现中华民族伟大复兴提供了快速发展的物质条件。实践证明，中国的社会主义基本经济制度和经济发展模式是有优越性的，是适应中国这样一个发展中国家的基本国情的。

所谓"政治文明"，一般主要指政治制度及其运行体制的现代化，或曰国家治理体系和治理能力的现代化。显然，中国式现代化道路建设的政治文明，明显不同于西方式现代化意义上的政治文明，两者具有本质不同。这种不同，体现在政治发展上坚持中国特色社会主义政治发展道路，坚持中国共产党的领导、人民当家作主、依法治国的有机统一，努力发展全过程人民民主，是为全体人民服务的；而西方式现代化道路在政治发展上坚持多党制和三权分立等制度设计，虽然在原初的意义上是为了实现权力分立与制衡，但在实际运行过程中是为资本服务的，多党制衡演变为多党掣肘，三权分立演变为三权对立。

中国特色社会主义政治制度坚持中国共产党的领导，坚持社会主义根本政治制度，实行人民代表大会制度、民族区域自治制度、基层群众自治制度以及中国共产党领导的多党合作和政治协商制度，坚持和完善中国共产党总揽全局、协调各方的领导制度体系，坚持"一国两制"，保持香港、澳门长期繁荣稳定，促进国家和平统一等，把中国共产党的领导落实到国家发展各领域各方面各环节全过程。以这些根本制度、基本制度和重要制度为基础，还有一系列体制运行中的具体制度。实践证明，中国特色社会主义政治制度有巨大优势，是中国全面推进社会主义现代化建设的重要政治保障。

所谓"精神文明"，一般主要指思想、道德、文化、教育等的现代化。显然，中国式现代化道路建设的精神文明，也不同于西方式现代化意义上的精神文明。中国特色社会主义基本经济政治制度，从根本上决定了中国的精神文明建设必然体现社会主义性质。这种性质区别，体现在思想文化建设上坚持马克思主义在意识形态领域的指导地位，坚持社会主义核心价值体系，加强社会主义精神文明建设，建设社会主义先进文化，不断丰富全体人民的精神生活，不断增强全体人民的精神力量，是为人民大众服务的；而资本主义文化在本质上是与资本主义生产关系和政治制度联系在一起的，为资本主义意识形态所左右，是反映资本主义本质和属性的文化，是为资产阶级服务的。资本主义文化虽然倡导思想多元化，但以私人占有制为基础、以个人主义为核心的文化价值观，必然导致极端个人主义、利己主义、享乐主义、拜金主义盛行，以及各种社会问题的产生。

中国式现代化道路建设的精神文明，坚持以社会主义核心价值观为引领，推动形成适应社会主义要求的思想观念、行为规范、精神面貌和文明风尚，促进人的全面发展和社会全面进步；始终坚持文化发展的"二为"方向即为人民服务、为社会主义服务，坚持"双百方针"即百花齐放、百家争鸣的方针，坚持爱国主义、集体主义、社会主义教育，引导人们树立正确的世界观、人生观、价值观；加强社会公德、职业道德、家庭美德、个人品德建设，持续提升公民文明素养；大力发展教育科学文化事业，促进满足人民文化需求和增强人民精神力量相统一；大力推动理想信念教育常态化制度化，使其体现到国民教育、精神文明创建、文化产品创作生产全过程，着力提高全社会的文明素质；大力构建中国特色哲学社会科学学科体系、学术体系和话语体系，传承弘扬中华优秀传统文化，强化重要文化和自然遗产、非物质文化遗产系统性保护，推动中华优秀传统文化创造性转化和创新性发展；鼓励和保护文化多样性发展，大力发展文化事业和文化产业，不断满足人民群众对文化生活的需求，努力促进人民群众思想文化素质提高和人的自由全面发展。

经过长期奋斗，中国共产党领导中国人民创造出了一条以马克思主义为指导、充分吸收中国优秀传统文化和积极借鉴世界文明成果的中国特色社会主义文化发展道路。实践证明，社会主义精神文明建设具有明显优势，它为中国式现代化道路、全面推进中国现代化建设提供了强大精神动力和精神支撑。

所谓"社会文明"，有广义和狭义之分。广义上的社会文明，是指人类社会的开化状态和进步程度，是人类改造客观世界和主观世界所获得的文明成果的总和，包括经济、政治、文化、社会、生态等人类社会文明的发展进步。狭义上的社会文明，一般主要指人与人之间的社会关系和社会行为文明，体现为文明观念、文明行为、文明素质和文明水平等，是社会和谐的基础。中国式现代化道路建设的社会文明，是指与物质文明、政治文明、精神文明、生态文明并列的狭义上的社会文明。由资本主义私有制所决定，西方式现代化道路所形成的社会文明，是一种建立在利益关系、金钱关系、依赖关系基础上的文明形态。中国特色社会主义制度为建立中国社会人与人之间的平等、自由的社会关系奠定了基础。因此，中国式现代化道路建设的社会文明，也不同于西方式现代化所形成的社会文明。

中国式现代化道路建设的社会文明，把提高社会文明程度作为重要目标和重大任务，以保障和改善民生为重点，坚持服务为先，加强和创新社会治理，着力解决人民群众最关心最直接最现实的利益问题；坚持人人尽责、人人享有，坚守底线、突出重点、完善制度、引导预期，完善公共服务体系，保障人民群众基本生活，不断满足人民日益增长的美好生活需要，不断促进社会公平正义，形成有效的社会保障制度体系、良好的社会秩序，使人民的获得感幸福感安全感更加充实、更有保障、更可持续；在优先发展教育事业、提高就业质量和人民收入水平、加强社会保障体系建设、打赢脱贫攻坚战、实施健康中国战略等方面取得突破性进展；健全公共文化服务体系和文化产业体系，实施文明创建工程，拓展文明实践中心建设，科学规范做好文明城市、文明村镇、文明单位、文明校园、文明家庭评选表彰。实践证明，中国式现代化道路建设的社会文明，使中国成为当今世界社会稳定程度、社会安全系数最高的国家之一，人民对政府的满意度持续提高，为中国社会和谐与物质文明、政治文明、精神文明和生态文明的发展进步打下了稳固的社会基础。

所谓"生态文明"，一般主要指人与自然之间关系的文明状态和进步程度。生态文明发展是人类社会文明发展的新生事物，其根本目的是要反对破坏自然，保护人类生存的自然环境，建立环境友好型社会和资源节约型社会，为人类可持续发展提供良好的生态环境保障。西方式现代化在创造巨大物质财富的同时，也加速了对自然资源的攫取，打破了地球生态系统的循环和平衡，造成了生态环境破坏和生态危机，引发了人们对资本主义发展模式的深刻反思。中国式现代化道路在生态建设上极大地超越了西方式现代化道路，其显著标志就是坚决抛弃轻视自然、支配自然、破坏自然的现代化模式，树立绿色发展理念，构建生态文明体系，坚定不移走生态优先、绿色发展之路，建设"人与自然和谐共生的现代化"[1]。

进入新世纪尤其是进入新时代以来，中国确立了人与自然是生命共同体的哲学理念，在全社会逐步形成了尊重自然、顺应自然、保护自然的共识，大力建设生态文明制度体系，推动经济社会发展全面绿色转型，建设美丽中国。坚持"绿水青山就是金山银山"的理念，尊重自然、顺应自然、保护自然；坚信良好生态环境是最公平的公共产品，是最普惠的民生福祉，牢固树立生态红线的观念，制定坚持节约优先、保护优先、自然恢复为主的方针，实施可持续发展战略，用最严格的制度、最严密的法治保护生态环境，逐步形成了节约资源和保护环境的空间格局、产业结构、生产方式、生活

---

[1] 《习近平谈治国理政》第三卷，外文出版社 2020 年版，第 39 页。

方式。实践证明，中国式现代化道路建设的生态文明发展模式具有巨大优越性，为推进中国经济社会的可持续发展、不断满足人民日益增长的优美生态环境需要提供了重要保障。

总之，中国式现代化道路是物质文明、政治文明、精神文明、社会文明、生态文明协调发展和全面提升的现代化发展之路，它们之间不是单个的存在，而是相互联系、相互制约、有机统一的整体，共同构成一种内涵丰富而又协调发展的新型文明体系。其中，物质文明是中国式现代化道路的物质基础，政治文明是中国式现代化道路的政治保障，精神文明是中国式现代化道路的精神支柱，社会文明是中国式现代化道路的社会基础，生态文明是中国式现代化道路的自然环境追求，在本质上是一种社会主义新型文明，核心是实现"以人民为中心"的全面现代化，极大地超越了西方式现代化的文明发展、文明模式和文明体系，因而是一种"人类文明新形态"。

六、人的自由全面发展与社会发展
协调推进的现代化

马克思主义始终高度关注人的生存、享受和发展问题，并把社会发展的出发点和落脚点都放在人的生存、享受和发展上，放在人的自由全面发展上。这是社会主义性质的现代化的根本目的和魅力所在。

马克思主义所说的"人的自由全面发展"，既要求摆脱人对物

质的依赖、摆脱贫困和恐惧，更要求摆脱人格的依附，发展个人的能力，积极地承担主体责任。最广大人民群众是最应该成为享有自由全面发展的主体，不仅享有言论、出版、集会、结社等方面的政治自由，而且享有契约、交换、择业、迁徙、婚姻、教育、宗教信仰等方面的社会自由。也就是说，社会主义的现代化应该是集物质富裕和精神富裕于一体的现代化，是物质文明和精神文明协调发展的现代化，是人的自由全面发展的现代化。马克思说：

> 一切民族，不管他们所处的历史环境如何，都注定要走这条道路，——以便最后都达到在保证社会劳动生产力极高度发展的同时又保证人类最全面的发展的这样一种经济形态。①

在马克思主义看来，物质文明的发展与精神文明的发展，应该是相互协调、相辅相成、相互统一的，社会的现代化与人的现代化、与人的自由全面发展是相互统一的。否则，就是社会发展的异化和人的发展的异化。从一定意义上说，在社会主义中国全面建设现代化，就是物质文明与精神文明协调发展的现代化，就是实现人的现代化，就是实现人的自由全面发展。

列宁曾说，在一个文盲充斥的国度是不能建成社会主义和实现共产主义的。同样的道理，如果不能实现物质文明与精神文明的协调发展，不能实现人的现代化和人的自由全面发展，全面建设社会

---

① 《马克思恩格斯全集》第 19 卷，人民出版社 1963 年版，第 130 页。

主义现代化则是不可想象的，因为科学与愚昧、民主与专制、文明与野蛮、秩序与混乱、正义与邪恶等不可能同存于社会主义现代化之中。同时，全面建设社会主义现代化必须尊重社会个体的主体性观念和价值选择，尊重人的个性发展与精神生活的高度发展。

人的现代化是随着社会现代化的发展而不断发展的。针对工业化、市场化、城市化、信息化、智能化等的扩展并未带来想象中的人类幸福的现实，人类对现代化的发展也进行了深刻反思。

一是以马克思、恩格斯为代表的科学社会主义理论关注在资本主义现代化进程中出现的人的异化现象，主张对整个社会结构进行重构，结束以资本主义私有制为代表的社会体系，代之以公有制为主体的共产主义社会体系，促进人的自由全面发展。

二是以埃米尔·涂尔干、马克斯·韦伯、艾历克斯·英格尔斯等为代表的西方社会学者也发现资本主义现代化的局限，主张从社会群体的角度观察和解释个体现象，促进实现人的现代化。

人无疑既是现代化发展中最活跃、最生动、最具创造性的因素，也是现代化发展的落脚点。对新时代的中国而言，建设什么样的社会主义现代化，如何建设社会主义现代化，这是全面建设社会主义现代化进程中一个不得不回答的重大理论和实践课题。全面建设社会主义现代化，无疑也对实现人的现代化和人的自由全面发展提出了新的要求和判断标准。

新中国成立后，在中国共产党带领下，中国人民开始了大规模建设社会主义现代化的历史进程。社会主义的"一化三改"初步奠定了中国的工业化基础；扫盲和义务教育的开展，社会主义、爱国主义、集体主义教育，促进了人口素质的大幅度提高。改革开放以来，中国社会主义现代化建设的进程呈现为一种跨越式发展，整个社会人口受教育程度和人口素质有了质的变化，但仍处于较低水平，尤其是地区发展不平衡，中西部地区社会现代化的程度较低。

为适应中国作为现代化进程中"后发型"或"赶超型"现代化国家的基本国情，需要以国家为主导力量促进整个社会结构体系现代化的不断完善，为人的现代化提供坚实保障，也引导个体积极向上，促进人的自我发展和自我完善，实现人的现代化，促进人的自由全面发展。

中国特色社会主义新时代，人民对美好生活的需要和向往日益广泛，不仅对物质生活提出了更高要求，而且对民主、法治、公平、正义、安全、环境等方面的精神文化要求日益增长，中国式现代化道路就是要实现和满足人民对美好生活的向往。同时，全面建设社会主义现代化，也就是要全面实现人的现代化，就是要把人的个体素质提高到突出位置和重要位置，达到人的现代化水平，从而与全面建设社会主义现代化相辅相成、相得益彰，协同发展，并最终实现人的自由全面发展。从人的个体素质而言，所谓"人的现代化"，体现在人的思想素质、政治素质、文化素质、道德素质、心理素质、身体素质、科技素质等的现代化，以及个体素质和社会现代化的协调发展。

中国共产党十九大明确提出，全面建成社会主义现代化，就是要把中国建设成为富强民主文明和谐美丽的社会主义现代化强国，包括全面建设经济现代化、政治现代化、国家治理体系和治理能力现代化、文化现代化、社会现代化、生态文明现代化等，并且成为一个发达的高收入国家。这表明，中国式现代化道路的内涵更加丰富全面，意味着"物质文明、政治文明、精神文明、社会文明、生态文明的全面提升，国家治理体系和治理能力现代化基本实现，综合国力和国际影响力世界领先，全体人民共同富裕基本实现，人民将享有更加幸福安康的生活"①，其根本目的就在于促进人的自由全面发展不断实现。

① 《十九大以来重要文献选编》（上），中央文献出版社 2019 年版，第 20—21 页。

第三章
中国式现代化道路的中国特色

中国式现代化道路，具有完全不同于西方式现代化道路的世界环境和历史条件。作为一个具有五千多年历史的文明古国和发展中大国，中国走出了一条在社会主义制度下的现代化发展道路，具有鲜明的中国特色。中国式现代化的每一步发展，都很难照搬已有的人类社会发展经验和其他国家社会主义现代化的发展经验，更不可能照搬西方式现代化的发展经验，因而具有探索性、独特性和独创性，是中华民族对当今世界尤其是拓展发展中国家走向现代化经验的独特创造和独特贡献。

一、五千多年历史文明古国的现代化

中国具有悠久的历史、深厚的文化，具有五千多年连续的古老文明。独特的文化传统，独特的历史命运，独特的基本国情，注定了中国式现代化道路的创造不同于世界上其他任何国家，必然要走适合自己特点的发展之路。中国共产党的成立和中国式现代化道路的创造，都植根于中华文明的沃土，有着中华民族深厚历史渊源和文化根基，反映着中国人民的美好意愿和精神追求，都是马克思主义基本原理与中国实际相结合、与中华优秀传统文化相结合的产物。

从历史上看，中国共产党始终注重并且善于把马克思主义基本原理与中华优秀传统文化的精华精髓、精神特质融合起来，使马克思主义中国化时代化大众化，从而在中国有了深厚的民族文化根基。这是马克思主义、社会主义之所以能够在中国这个文明古国的大地上生根、开花、结果的重要原因，也是之所以能够创造中国式现代化道路的重要原因。正是独特的文化传统、独特的历史命运和独特的基本国情，造就了中国共产党、造就了马克思主义中国化、造就了走适合中国特点的独特的中国式现代化道路。

在中国这样一个具有五千多年古老文明的国家建设社会主义现代化，既具有无可比拟的优势和长处，也有不可回避的问题和包袱。

【三千年未有之大变局】

翻开历史，可以看到，直到 1840 年鸦片战争之后，中华民族才睁眼看世界。中华民族进入近代后的状况，可以用六个字来概括，就是"文明、悠久、落后"。所以，有识之士把资本主义列强入侵中国称为"中国遇到了数千年未有之强敌，中国处在三千年未有之大变局"。

近代西方通过文艺复兴运动、思想启蒙运动和新教改革运动，首先从思想上进入人的解放和人的现代化的历史进程。1776 年美国通过了《独立宣言》，1789 年法国通过了《人权宣言》，19 世纪三四十年代英国通过了《人民宪章》，1861 年俄国开始实行农奴制改革，1868 年日本开始明治维新。

西方列强的入侵，不仅使中国的领土主权和国家独立遭受了严重威胁，独立的封闭体系被打破，并被强行拉入到一个由西方主宰的世界体系之中，而且中华文明也遭遇了前所未有的强势竞争对手，文明的根基遭到动摇，迫使整个文明形式、社会经济政治制度面临"三千年未有"的冲击和挑战。

在这个"大变局"中，中国的传统农业文明撞上了西方的近现代工业文明，中华民族古老的君主王权专制撞上了新兴的资本主义民主政治，双方一经较量便分出高下。这是中华民族实现现代化面对的历史传统、基本国情和世界背景。

中国古老文明的因素，虽然导致在近代的贫穷落后，但是也意味着有着深厚的文化传统，有着丰厚的历史资源，这是中华民族实现现代化与其他国家的最大差别。在现代化的后发进程中，如果中华民族能够实现中华文明的创造性转化和创新性发展，能够基于历史基础和文化传统不断将它转化为建设现代化的重要资源，那么就会成为中华民族实现后发型现代化的重要优势。

中国共产党领导中国人民之所以能够创造中国式现代化道路，正是因为正视了近代以后中国经济社会发展所面临的这种艰巨任务和复杂格局，正视面临的严峻挑战和深层矛盾，深入发掘独特历史文化资源和五千年文明优势，相继提出了不仅要建设"工业化的强国，还要建设文化上先进的中国"、建设社会主义精神文明、建设社会主义先进文化、推动社会主义文化大发展大繁荣，兴起社会主义文化建设新高潮，建设中华民族共同精神家园，提高文化软实力，建设社会主义文化强国，增强全民族文化创造活力；提出要"把马克思主义基本原理同中国实际和时代特征结合起来，独立自主走自己的路"，"在任何情况下都要牢牢把握社会主义初级阶段这个最大国情，推进任何方面的改革发展都要牢牢立足社会主义初级阶段这个最大实际"；提出"坚持把马克思主义基本原理同中国具体实际相结合、同中华优秀传统文化相结合"，不断拓宽中国式现代化道路的国情要素的丰富内涵，谱写出全面建设社会主义现代化的新篇章。

实践证明，有着五千多年深厚历史文明传统的中华民族，完全有能力走出一条自己的现代化发展新道路，而不必也不可能完全步西方式现代化道路的后尘。西欧、北美，包括亚洲的日本跨入现代化的门槛，尽管发展模式不尽相同，但都有着资本主义对外扩张、侵略殖民、强取豪夺的共同本质。当沉睡中的中华民族被西方列强的炮声惊醒时，就已经失去了西方国家工业革命和科技革命的历史机遇，中华民族不可能通过发展资本主义来实现现代化。社会主义为中国实现国家独立、民族解放和国家富强、人民富裕开辟了一条崭新的现代化发展道路。尤其是改革开放以来中国特色社会主义的伟大实践，为中国开辟了一条符合中国文化传统、基本国情、时代潮流的现代化发展之路，创造了一条科学发展、和谐发展、和平发展的中国式现代化道路。

所谓中国式现代化道路，实质上就是从理论与实践的结合上，深刻回答了在中国这样一个具有五千多年历史的文明古国和发展中大国，实现什么样的社会主义现代化、怎样实现社会主义现代化这个根本问题。早在 1949 年 3 月召开的中国共产党七届二中全会上，毛泽东就说："我们已经或者即将区别于古代，取得了或者即将取得使我们的农业和手工业逐步地向着现代化发展的可能性。"①邓小平则明确地提出了"中国式的现代化"这一独特概念，他说，"我们建设的社会主义，是有中国特色的社会主义"，并同时把作为实现小康社会的"中国式的现代化"确定为 20 世纪末中国基本实现社会主义现代化的第二步发展战略目标。

---

① 《毛泽东选集》第四卷，人民出版社 1991 年版，第 1430 页。

二、以农业农村农民为根柢的现代化

在人类的远古文明中，除了古希腊是海洋商业文明之外，绝大多数远古文明都是农耕文明，以农业农村农民为文明发展的基础，如古埃及文明、古巴比伦文明、古印度文明和中华文明。以农业生产为主体的农耕文明，一般都离不开充足的水源作支撑，所以这些古代文明也大多兴起于水源充沛的大河冲积而形成的平原，如古埃及文明位于非洲东北部的尼罗河中下游，古巴比伦文明位于底格里斯河和幼发拉底河的两河流域，古印度文明位于印度河和恒河流域，而中华文明则兴起于黄河、长江中下游流域。

因此，中国式现代化道路的开创，在一定意义上说，是以典型的农业农村农民为根柢的现代化。

早在中国新民主主义革命时期，中国共产党提出实现中华民族的现代化，首先就是针对农业农村农民的近代化、现代化而言的，提出的是"农业的近代化"、"农业国变为工业国"、"实现工业化"等。例如，如果说毛泽东的《新民主主义论》第一次系统、完整、科学地阐述了中国新民主主义革命的性质和前途等重大问题，那么《论联合政府》则进一步指明了新民主主义革命胜利后建设新中国的目标和任务。

在《论联合政府》中，毛泽东第一次提出了"农业近代化"的目标：

在新民主主义的政治条件获得之后，中国人民及其政府必须采取切实的步骤，在若干年内逐步地建立重工业和轻工业，使中国由农业国变为工业国。

中国工人阶级的任务，不但是为着建立新民主主义的国家而斗争，而且是为着中国的工业化和农业近代化而斗争。①

新中国成立前夕，毛泽东在中国共产党七届二中全会上分析胜利后的经济政策时又指出，中国古代农业的主要特征是分散性和个体性。他说："中国还有大约百分之九十左右的分散的个体的农业经济和手工业经济，这是落后的，这是和古代没有多大区别的，我们还有百分之九十左右的经济生活停留在古代。……在今后一个相当长的时期内，我们的农业和手工业，就其基本形态说来，还是和还将是分散的和个体的，即是说，同古代近似的。谁要是忽视或轻视了这一点，谁就要犯'左'倾机会主义的错误。"②

在《论人民民主专政》一文中，毛泽东还提出了"农业社会化"这个命题："农民的经济是分散的，根据苏联的经验，需要很长的时间和细心的工作，才能做到农业社会化。"③ 要实现农业的近代化，在毛泽东看来，主要的任务就是改变农业的分散性和个体性特征，实现农业的社会化大生产。他认为，废除封建土地所有制，实现"耕者有其田"，是实现农业近代化或现代化的前提条件。因为封建的土地关系压抑了农民的积极性，束缚了农业生产力的发展，

---

① 《毛泽东选集》第三卷，人民出版社 1991 年版，第 1081 页。

② 《毛泽东选集》第四卷，人民出版社 1991 年版，第 1430—1431 页。

③ 《毛泽东选集》第四卷，人民出版社 1991 年版，第 1477 页。

因而通过土地革命将土地从地主手里转到农民手里，才能解放农业生产力，"从而造成将农业国转变为工业国的可能性"①。农业是国民经济的基础。毛泽东明确指出："没有农业社会化，就没有全部的巩固的社会主义。"②

以农业农村农民为根柢的历史漫长的农耕文明，给新中国留下的是一个基础弱、底子薄、占世界近 1/4 人口的贫穷落后的农业大国。新中国面对的基本情况是一穷二白、经济十分落后。当时毛泽东曾说：

> 现在我们能造什么？能造桌子椅子，能造茶碗茶壶，能种粮食，还能磨成面粉，还能造纸，但是，一辆汽车、一架飞机、一辆坦克、一辆拖拉机都不能造。③

毛泽东对中国经济社会发展的历史和现实研究得十分透彻。他认为，延续了几千年的中国封建制度，地主阶级对农民的残酷压迫和剥削，已经使得农民陷入了极端的贫穷和苦难，近代以后西方列强的殖民入侵，又使旧中国沦为半殖民地半封建社会，帝国主义、买办阶级、封建地主阶级的军阀官僚三重压迫和剥削，致使中国人民日益贫困，中国的政治、经济、文化、社会日益衰败。"中国人民的贫困和不自由的程度，是世界所少见的。"④中国共产党领导中

---

① 《毛泽东选集》第三卷，人民出版社 1991 年版，第 1074 页。
② 《毛泽东选集》第四卷，人民出版社 1991 年版，第 1477 页。
③ 《毛泽东文集》第六卷，人民出版社 1999 年版，第 329 页。
④ 《毛泽东选集》第二卷，人民出版社 1991 年版，第 631 页。

国人民进行争取民族独立、人民解放的革命斗争，归根到底是为了给实现国家繁荣富强和人民共同富裕开辟道路。

毛泽东明确指出，新中国要发展经济必须走社会主义道路，要建设的现代化必须是走社会主义道路的现代化，从而开创了新中国现代化建设与社会主义相结合的先河。他说："资本主义道路也可增产，但时间要长，而且是痛苦的道路"，但这条道路中国走不得，"在现代中国的条件下，只有建立社会主义制度，才能真正解决我国的工业化问题"。对于中国这样一个经济文化落后的国家来说，通过社会主义道路来实现国家的工业化、现代化，是最好的选择。在生产资料私有制的社会主义改造将要完成时，他曾说：

> 社会主义革命的目的是为了解放生产力。农业和手工业由个体的所有制变为社会主义的集体所有制，私营工商业由资本主义所有制变为社会主义所有制，必然使生产力大大地获得解放。这样就为大大地发展工业和农业的生产创造了社会条件。①

新中国成立后，在社会主义改造时期，中国在农业社会化的步骤上，提出先搞合作化、再搞机械化，以与社会主义工业化的步骤相适应。进入社会主义建设时期，中国明确提出"农业的根本出路在于机械化"，提出了要实现包括农业现代化在内的"四个现代化"的目标。

---

① 《毛泽东文集》第七卷，人民出版社 1999 年版，第 1 页。

改革开放以来，在新中国成立后近30年的发展基础上，农村改革深入推进，中国的农业农村农民现代化经历了深刻的制度变迁，农村基本经营制度逐渐确立宗善，农业生产条件实现巨大飞跃，农业持续稳定发展，农村社会稳定和谐，农村民生全面改善，农村居民生活已全面迈进小康社会，中国农业农村农民的现代化建设取得了重要进展，为开启全面建设社会主义现代化国家新征程奠定了坚实基础。习近平指出，没有农业现代化，没有农村繁荣富强，没有农民安居乐业，国家现代化是不完整、不全面、不牢固的。

2016年10月国务院印发的《全国农业现代化规划（2016—2020年）》，围绕农业现代化的关键领域和薄弱环节，提出了创新强农、协调惠农、绿色兴农、开放助农、共享富农的五大发展任务，明确构建了现代农业产业体系、生产体系、经营体系，走产出高效、产品安全、资源节约、环境友好的农业现代化道路。

在阐述从封建社会到资本主义社会及未来历史变迁中的城乡关系时，马克思曾说，"城乡融合"、"促进城乡之间的对立逐步消灭"是社会革命最重要的历史任务。

从世界工业革命的发展看，早期实现工业化和现代化的国家，都是从乡村商品经济的发展和农产品的市场化开始的。

【英国和美国的农业现代化】

英国第一次工业革命前，是用国家力量推进乡村经济繁荣，用军事力量拓展海外经济市场的，建立了世界上规模最大的纺织品产业和遍布全球的纺织品市场，从而引发了第一次工业革命，开辟和创造了国内外的统一大市场。在政府财政主导下实现了煤炭、蒸汽机、铁路技术等变革，于1900年左右完成第二次工业革命，1928年实现了普选。

美国完成工业革命，也是从推进乡村商品经济的发展和农产品的市场化开始的，以英国为主的欧洲移民，把英国的农村商品化生产、手工业技术带到美国，首先从纺织业实现第一次工业革命，从1820年左右到第二次工业革命高潮之后的1920年，美国的农村人口仍然有50%的比例，在此基础上，才具备经济与技术条件进一步推进农业机械化，完成第二次工业革命，在1965年才实现普选。

也就是说，无论是英国还是美国，都是从繁荣乡村经济进而启动工业化和城镇化的，从而才进一步具备对传统农业进行历史性变革和农业现代化的条件和资格、进一步具备政治民主的条件和资格的。

在中国这样一个以农耕文明为基础的农业大国，在漫长历史时期内，农民都是国家人口的主体，农业是整个国民经济的基础，农业农村农民的状况如何，决定着国民经济和社会发展的状况。邓小平曾说：

因为中国人口的百分之八十在农村，如果不解决这百分之八十的人的生活问题，社会就不会是安定的。工业的发展，商业的和其他的经济活动，不能建立在百分之八十的人口贫困的基础之上。①

中国社会是不是安定，中国经济能不能发展，首先要看农村能不能发展，农民生活是不是好起来。翻两番，很重要的是这百分之八十的人口能不能达到。②

我们的改革和开放是从经济方面开始的，首先又是从农村开始的。为什么要从农村开始呢？因为农村人口占我国人口的百分之八十，农村不稳定，整个政治局势就不稳定，农民没有摆脱贫困，就是我国没有摆脱贫困。坦率地说，在没有改革以前，大多数农民是处在非常贫困的状况，衣食住行都非常困难。党的十一届三中全会以后决定进行农村改革，给农民自主权，给基层自主权，这样一下子就把农民的积极性调动起来了，把基层的积极性调动起来，面貌就改变了。③

中国共产党十四届三中全会指出："农业、农村和农民问题，是我国经济发展和现代化建设的根本问题。"④

所谓现代化，在一定意义上说，也是一种以工业化而引发的整个社会变革与发展，从而推进一个国家走向富裕和强大的社会发展过程。城乡关系，是人类社会发展的重要关系之一，也是检验一个国家和社会现代化发展程度的重要指标。因此，一个国家和地区的

---

① 《邓小平文选》第三卷，人民出版社 1993 年版，第 117 页。
② 《邓小平文选》第三卷，人民出版社 1993 年版，第 77—78 页。
③ 《邓小平文选》第三卷，人民出版社 1993 年版，第 237—238 页。
④ 《改革开放三十年重要文献选编》（上），中央文献出版社 2008 年版，第 742 页。

城市化发展水平，体现其经济社会发展的现代化水平和程度，是衡量一个国家实现现代化发展水平的重要指标之一。

由于地理环境、农业资源禀赋、历史发展和文化传统不同，在数千年历史发展过程中形成的小农经济形态条件下，中国走出了一条适合基本国情的农业农村农民现代化道路，显然与以资本逻辑为主导的西方式农业农村农民现代化方案不同，人口与水土资源关系高度紧张的基本国情，决定了中国不具备西方式农业农村农民现代化的先决条件。

与西方的城市化不同，城镇化是中国全面建成小康社会的必由之路，是中国实现农业农村农民现代化和美好生活的幸福之路。

【新中国的城镇化进程】

从 1949 年至 2020 年，中国经历了世界近现代史上规模最大、速度最快的城镇化进程。

统计数据显示，中国 1949 年的城镇化人口占比只有 10.64%，1952 年城镇化人口占比为 12.5%，1978 年城镇化人口占比为 17.92%，而至 2020 年中国人口中居住在城镇的人口为 901991162 人，占比达到 63.89%（2020 年中国户籍人口城镇化率为 45.4%）；居住在乡村的人口为 509787562 人，占比为 36.11%。

就农村社会的发展转变而言，新中国成立以来，中国共产党团结带领中国人民顽强拼搏，经过几代人的接续奋斗，农村贫困人口与全国人民一道全面迈进小康社会。到 2020 年底，中国如期完成脱贫攻坚的任务。

"全面建成小康社会一个都不能少"。农村贫困人口与全国人民一道，从"小康之家"到"小康社会"，从"总体小康"到"全面小康"，从"全面建设"到"全面建成"，小康目标不断实现，"小康社会"已经从梦想变成现实。

没有农业农村农民的现代化，就没有中国整个国家的现代化。中国共产党十九大报告提出"加快推进农业农村现代化"，与过去单提"农业现代化"明显不同，将"农村现代化"与"农业现代化"一并作为新时代"三农"工作的总目标，标志着中国"三农"工作进入新的发展时期。"乡村振兴战略"的提出和实施，将农业农村农民放到了更加突出的位置。实施乡村振兴战略，就是要按照"产业兴旺、生态宜居、乡风文明、治理有效、生活富裕"的总要求，加快推进农业农村农民现代化，逐步实现农业强、农村美、农民富的乡村全面振兴。

三、人口规模巨大的现代化

幅员辽阔、民族众多、人口规模巨大，是中国的客观实际和基本国情。这既是创造中国式现代化道路面临的巨大优势，也是创造中国式现代化道路面临的重大难题。

在持续数千年的农耕文明发展进程中，中国很早就形成了根深蒂固的"多子多福"的观念和独特的家庭伦理风俗——所谓"不孝有三，无后为大"的婚育观念，在改革开放之前相当漫长的时间内，深刻地影响着中国古代的人口增长和人口规模。一方面，这种观念的形成与中国古代农耕文明的基本国情密切相关，一个幅员辽阔的庞大农业国家，需要充足的劳动力维持农业的生产，只有多生育人口才能维持家庭生计和乡土社会，做到老有所依；另一方面，与中国地域辽阔和封建王朝的应对战事、繁荣发展、日常行政运作密切相关，封建朝廷出台各种优惠措施，千方百计鼓励人们生育，充实国家人口。

以农业农村农民为基础的农耕文明，因此孕育了大量人口。从历史上看，中国在世界人口中所占的比重一直很大。有关统计数据显示，在1840年近代之前，中国的人口正常增长，那时候人口已达4.3亿人，占到世界人口的34%。从1840年到1949年新中国成立前，中国经过了一百多年的辛酸历史，由于战争、毒品、灾荒等历史原因或自然原因，大量人口死于战乱、疾病、饥饿等，人口缓慢增长，到1949年末中国大陆的人口仍有5.4167亿人，在世界人口比重中仍然占到23%。新中国成立后，社会走向稳定，人民生产发展，经济快速增长，科学技术逐步提高，一方面人口迅速增长，另一方面人均预期寿命延长，中国的人口规模越来越巨大。

【新中国成立以来的人口规模发展】

中国的人口规模，即指中国整体的人口数量。中国是世界上第一人口大国、最大的发展中国家。如此巨大的人口体量进入现代化，在世界上前所未有。

新中国成立时，中国大陆的人口规模约为5.4亿人。和许多发展中国家一样，从1950年起，由于国内经济社会发展较为稳定，医疗生育条件逐渐好转，死亡率下降，预期寿命逐渐延长，中国的人口迅速增长，人口规模持续增大，其间除了 1959 年至 1961 年由于三年困难时期产生的饥荒导致人口下降外，直至全面实行计划生育的基本国策之前，中国大陆的人口都保持在每年 2% 以上的高增长态势。1978 年中国的人口规模达到 96259 万人。

从 1949 年新中国成立至今，中国分别在 1953 年、1964 年、1982 年、1990 年、2000 年、2010 年和 2020 年进行了七次全国性人口普查。每一次人口普查都是一次全国人口的"摸家底"。只有摸清家底，才能制定相关的经济社会发展规划和方针政策。以距新中国成立时间最近的 1953 年、距改革开放启动时间最近的 1982 年、距建党 100 周年时间最近的 2020 年三次全国人口普查为例，可以清楚地看到，创造中国式现代化道路面临的这种人口规模巨大的优势和难题。

距新中国成立时间最近的第一次全国人口普查，以 1953 年 6 月 30 日 24 时为标准时点，调查项目包括姓名、性别、年龄、民族、与户主关系、本户住地等六项。由于受当时社会条件所限，采用登记常住人口的办法，由户主到登记站登记，尽管不是十分准确，但也基本摸清了全国人口规模的状况。这一次全国人口普查的全国人口总数为 601938035 人，为第一个五年计划的制定提供了人口数据基础。

距改革开放启动时间最近的 1982 年的第三次全国人口普

查，以 1982 年 7 月 1 日零时为标准时点，普查项目共 19 项，首次把电子计算机运用到全国人口普查工作，作为技术工具对数据进行统计分析。这一次全国人口普查的全国人口总数为 1031882511 人，为改革开放和社会主义现代化建设新时期制定社会主义初级阶段的基本路线和提出中国现代化建设分"三步走"的发展战略目标提供了人口数据基础。

距建党 100 周年时间最近的第七次全国人口普查，以 2020 年 11 月 1 日零时为标准时点，普查内容包括姓名、公民身份证号码、性别、年龄、民族、受教育程度、行业、职业、迁移流动、婚姻生育、死亡、住房情况等。这一次全国人口普查的全国人口总数为 1443497378 人，其中截至 2020 年 11 月 1 日零时中国大陆总人口数为 14 亿 1178 万人（不含港澳台籍。2018 年中国香港的总人口为 743 万人，中国澳门的总人口约为 67 万人，中国台湾的总人口约为 2358 万人），是世界第一人口大国。这一次全国人口普查的全国人口总数，为在全面建成小康社会的基础上开启全面建设社会主义现代化国家新征程提供了重要的人口数据依据。

人口规模巨大，既是中国社会主义现代化建设的一种天然优势和红利，也是一种巨大压力和难题。一方面，拥有 14 亿多人口、4 亿以上中等收入群体的巨大人口规模，代表着巨大的需求、巨大的市场和巨大的人口红利；另一方面，巨大的人口规模也是一种对经济社会发展的严峻考验，在中国 14 亿多人口中，农村人口占比非常大，面临的城乡差距、区域差距、收入差距等问题尤为突出，社会就业和民生保障的压力十分巨大。在推进社会主义现代化建设的过程中，既要发挥人口规模巨大应有的巨大优势，又要坚持现代化发展的社会主义性质不变质，要让 14 亿多人口的全体人民都共享改革开放和现代化建设的成果，实现"人口规模巨大的现代化"，实在是一种严峻挑战和巨大压力。

因此，人口规模巨大是中国的基本国情，也是中国现代化的重要特征。

推进城镇化是创造中国式现代化道路的重要内容。新中国成立时，中国绝大部分人口生活在农村，从事农业生产，城镇就业机会匮乏。改革开放以来，在推进城镇化的过程中，不仅城市面貌焕然一新，创造了大量就业机会，也提高了人民收入，推进了社会主义新农村建设，全体人民共享了城镇化发展的成果。改革开放以来，中国经历了世界历史上规模最大、速度最快的城镇化进程。截至 2020 年末，中国常住人口的城镇化率已超过 60%。

中国式现代化道路致力于实现人的现代化、人的自由全面发展和社会的全面发展进步。新中国成立之初，全国 80% 的人口是文盲，人均预期寿命仅为 35 岁，社会保障几乎为空白。新中国成立 70 多年来尤其是改革开放 40 多年来，中国以经济发展推进人的全面发展和社会的全面发展，不断推进社会主义现代化建设的过程也是中国人口素质显著提升、民生福祉不断增进的过程。截至 2020 年，中国高等教育毛入学率已达到 54.4%，人均预期寿命达到 77.3 岁，建成了世界上规模最大的社会保障制度体系。

【人类社会现代化发展史上的奇迹】

中国式现代化道路立足于人口规模巨大这一基本国情。就人口数量和规模巨大这一实际而言，与西方式现代化道路存在明显差异。从世界现代化发展的历史进程看，当今世界约有 30 个国家、12 亿多人口已经或基本实现了现代化，但是还从来没有一个 14 亿多人口、占世界人口比重近 1/5 的国家建成现代化。

欧洲、美国、日本的现代化，分别是在约 7.3 亿、3.3 亿、1.2 亿人口规模基础上实现的。这些国家的人口加起来的总规模，也没有中国的人口规模大。并且，在资本主义制度下实现的现代化进程中，常常导致增长动力疲软、贫富差距扩大、两极分化严重、民族种族歧视、周期性经济危机等社会发展问题和社会动荡。

印度的人口规模虽然仅次于中国，约为 13 亿人，也曾一度实现经济的快速发展，人均国内生产总值还曾一度超过中国。但是，到 2019 年新中国成立 70 周年的时候，印度的国内生产总值仅为 2.85 万亿美元，不及中国的 1/5，中国的人均国内生产总值已是印度的 4.6 倍，而且种姓矛盾、宗教冲突、社会分化等问题，始终是印度现代化进程中难以逾越的鸿沟。

就实现工业化的时间而言，中国式现代化道路也体现了巨大优越性。英国从启动工业革命到完成现代化用了约 250 年的时间，美国从启动工业革命到完成现代化用了约

150 年的时间。中国是一个拥有 14 亿多人口、占世界总人口比重近 1/5 的发展中大国，巨大的人口规模，无论是英国还是美国，都是不能相提并论的。

然而，中国用 40 多年时间走完了西方国家用两百多年走完的工业化过程，从一个 30 多年前人均国内生产总值居全球倒数第 2 位（仅是印度人均国内生产总值的 2/3）、人均收入只有非洲撒哈拉沙漠以南国家人均收入 1/3 的国家，发展成为制造业是美国 8 倍的全球最大"世界工厂"、全球最大工业生产国和农产品生产国的世界第二大经济体。这么巨大规模的人口由贫穷到温饱、再由温饱到全面建成小康社会水平，共享到改革开放和现代化发展的成果，真可谓是创造了人类社会发展史上前所未有的奇迹，真可谓是人类社会发展史上还没有发生过的历史大事件，真可谓是中国历史上的千年大变局。

因此，中国式现代化道路，将是在 14 亿多人口的巨大规模上全面建设社会主义现代化强国，是实现人口规模巨大的现代化，不仅是对西方式现代化的历史性超越，而且是人类社会发展史上绝无仅有的现代化，是人类社会发展史上的伟大壮举，更是对人类社会现代化发展的重大贡献。

四、源于中国历史发展规律的现代化

人类社会是一个自然发展的历史过程。近现代以来，中国新民主主义革命道路、社会主义革命与建设道路、中国特色社会主义道路的形成和发展，是与近现代以来中国经济政治社会发展的历史背景和客观状况相联系的，有着自身运动、发展与变化的轨迹和规律，不是哪一个人、哪一个群体主观意志决定的结果。中国近现代历史的发展，最终选择了社会主义、选择了中国共产党。中国式现代化道路，是从中国的文化传统、基本国情和具体实际出发，集中体现了中国共产党解放思想、实事求是、与时俱进的宝贵品格和不懈追求，集中体现了中华民族和中国人民的伟大创造和中国共产党的政治智慧，是实现社会主义现代化和中华民族伟大复兴的唯一正确的道路。

（一）近代以来中华民族的正义事业之道

近代以来，中华民族面临的两大历史任务，国家独立和民族解放，这是实现国家富强和人民富裕的历史前提。只有实现国家独立和民族解放，才能为国家富强和人民富裕扫清障碍和奠定基础。从鸦片战争爆发到新中国成立，历经太平天国运动、洋务运动、戊戌变法、义和团运动、辛亥革命、中华民国的曲折发展历程，中华民族经过 100 余年的英勇奋斗，经过无数仁人志士的艰辛探索，经过无数艰难困苦和流血牺牲，终于使中国人民认识到一个为实践所证明的道理：只有以马克思主义为指导思想、以中国共产党领导为核心力量、以社会主义引领前进方向，坚持把马克思主义基本原理与中国具体实际、与中华优秀传统文化相结合，走符合中国特点和自身发展规律的革命道路，才能成功走上完成近代以来中华民族第一大历史任务的康庄大道。

中国共产党领导的新民主主义革命，实质上是通过扫除帝国主义、封建主义和官僚资本主义在近代中国的反动统治，为实现中华民族的现代化搬掉拦路石。在这个过程中，中国共产党科学地分析了中国的基本国情，明确了中国革命的性质、对象、任务、动力，提出了通过新民主主义革命走向社会主义的"两步走"战略，制定了无产阶级领导的，人民大众的，反对帝国主义、封建主义和官僚资本主义的新民主主义革命总路线，开辟了"农村包围城市、武装夺取政权"的革命道路，最终指导中国革命取得了伟大胜利。

中国新民主主义革命道路积累形成的宝贵历史经验，为新中国的社会主义革命和建设、中国特色社会主义道路的开辟，奠定了深厚的历史基础和实践基础，这是一种一脉相承、历史推进的发展递进关系。可以说，中国新民主主义革命道路的成功实践，是对半殖民地半封建社会的中国走向社会主义革命和建设的"卡夫丁峡谷"的创造性的成功跨越，而中国特色社会主义道路实际上则是中国共产党在中国革命道路和社会主义革命与建设的基础上，带领中国人民在完成国家独立和民族解放的历史任务后，为接着完成国家富强、人民富裕的历史任务而开辟出来的正确道路。

（二）社会主义革命和建设近 30 年的经验总结之道

新中国成立后，中国社会主义革命与建设近 30 年的发展，经历了曲折的历程。其中既有辉煌的成就，也有重大的挫折，甚至还有严重的失误。但是，这些实践都为中国特色社会主义道路的开辟积累了宝贵的历史经验和深刻的历史教训，奠定了根本的政治制度基础和经济社会发展基础。

在中国共产党领导下，仅仅用三年多一点的时间就迅速实现了中国大陆的基本统一、国民经济的根本好转，开始了以第一个五年计划为标志的大规模工业化建设，随后又探索出具有中国特点的社会主义改造道路，确立起了社会主义基本经济制度和基本政治制度，中国进入社会主义初级阶段。在此基础上，中国共产党提出了探索适合中国国情的社会主义道路的新任务，并着手开始建设社会主义现代化，着力推进实现国家富强、人民富裕的伟大事业。

"辉煌的成就"与"惨痛的教训"，为中国特色社会主义道路的开辟积累了正反两方面的宝贵经验。由于"大跃进"和人民公社化运动严重超越了中国社会发展阶段、严重违背了社会主义现代化建设的规律，留下了沉痛教训，使中国共产党深刻认识到，中国正处于并将长期处于社会主义初级阶段，只有从这一最大的国情、最大的实际出发，新中国的社会主义现代化建设才能避免或少走弯路。"以阶级斗争为纲"的错误指导思想造成了阶级斗争扩大化的严重失误，特别是"文化大革命"的错误，使中国共产党深刻认识到，必须实现由"革命"到"建设"的重大转变，始终坚持以经济建设为中心，大力推进经济建设、民主政治建设和精神文明建设，才能实现社会主义现代化。

中国共产党开辟、形成、发展的中国特色社会主义道路，正是以这些宝贵的历史经验和深刻的历史教训为基础的。中国共产党是一个善于总结历史经验的政党，在总结新中国近 30 年社会主义革命与建设曲折发展的历史经验基础上，进一步深入系统地探索和回答了在中国这样一个经济文化比较落后的文明古国和发展中大国如何建设社会主义、如何巩固和发展社会主义的一系列基本问题，为实现国家富强、人民富裕而开辟了中国式现代化道路。

（三）改革开放 40 多年的理论和实践创新之道

改革开放是决定当代中国命运的关键一招，是当代中国最鲜明的特色，是国家富强、人民富裕的兴国富民之道。这是中国共产党深入总结新中国成立以来探索社会主义革命与建设道路正反两方面经验教训而得出的正确结论，也是在拨乱反正过程中开辟中国式现代化道路所找到的正确途径。改革开放是中国社会主义制度的自我完善和自我发展，只有通过社会主义经济体制改革、政治体制改革、文化体制改革、社会体制改革、生态文明体制改革，才能坚持和完善中国特色社会主义制度，逐渐形成中国特色社会主义经济建设、政治建设、文化建设、社会建设和生态文明建设"五位一体"总体布局，不断拓展和丰富中国式现代化道路的内涵，使这条康庄大道越走越宽广。

建设社会主义现代化强国和实现中华民族伟大复兴的中国梦，是中国共产党、中国人民、中华民族长期不懈的奋斗目标。把中国建设成为富强民主文明和谐美丽的社会主义现代化强国，是完成国家富强、人民富裕这一历史任务的根本体现，也是中国特色社会主义的根本指向。中国共产党领导的社会主义革命与建设和改革开放，实质上就是通过大力解放和发展社会生产力，把中国由不合格、不发达的社会主义国家建设成为富强民主文明和谐美丽的社会主义现代化强国，建设成为合格的、发达的社会主义国家，真正实现社会主义现代化，实现中华民族伟大复兴。

在这个过程中，中国共产党把马克思主义基本原理同中国具体实际相结合、同中华优秀传统文化相结合，在系统回答了在中国建设什么样的社会主义、怎样建设社会主义的基础上，进一步深入系统回答了建设什么样的党、怎样建设党，实现什么样的发展、怎样发展，新时代坚持和发展什么样的中国特色社会主义、怎样坚持和发展中国特色社会主义等一系列重大理论和实践问题，创造了举世瞩目的伟大成就，创造了中国式现代化道路。中国式现代化道路，实际上就是在中国改革开放和社会主义现代化建设的进程中，为实现国家富强、人民富裕的伟大理论创新和实践创新。

五、共时并存特征的现代化

马克思主义认为，在一般意义上，社会历史的发展可分为历时态和共时态两种情形。所谓历时态的情形，如资本主义产生于封建主义社会，社会主义产生于资本主义社会，它们在互动的过程中此消彼长。作为历时态出现的资本主义，是人类社会历史发展链条上不可缺少的环节。所谓共时态的情形，如封建主义社会与资本主义社会并存，社会主义社会与资本主义社会并存，甚至封建主义社会、资本主义社会和社会主义社会并存。这种共时态的并存，是一种"异质态"、"多质态"社会的并存，一般地说，它们不能相安无事，它们之间能否相安无事及其程度如何，要取决于各种质态的成长度、发展度、文明度。中国式现代化道路，正是在一种资本主义现代化与社会主义现代化共时并存的状态中创造的一种现代化新道路。

（一）资本主义与社会主义共时并存的现代化

从制度上看，当今世界的现代化，主要可分为资本主义现代化和社会主义现代化。这两种不同制度类型的现代化，既具有共同的结构基础，即工业化、市场化、民主化、城市化等共性，又具有制度性质上的根本不同。应当看到，两种不同制度类型的现代化都有着历史的必然性，对人类社会的发展进步都具有重大贡献。

马克思恩格斯曾经指出："资产阶级在历史上曾经起过非常革命的作用。"[①]它的历史功绩，是极大地破坏了封建主义生产关系和思想道德观念，代之以资本主义生产关系和思想道德观念，促进了生产工具和生产方式的革命性变革，开拓了世界市场，建立了近现代化的大城市和统一民族国家，打破了民族和国家的界限，促进了全球性市场经济和世界性交往，创造了巨大的社会生产力。资本主

---

① 《马克思恩格斯选集》第 1 卷，人民出版社 1995 年版，第 274 页。

义的前半阶段对人类社会的贡献是巨大的，"资产阶级在它的不到一百年的阶级统治中所创造的生产力，比过去一切世代创造的全部生产力还要多，还要大。"①如今，现代化已渗透到经济、政治、文化、社会、生态等各个领域，表现为多层次、多阶段、立体化的世界历史进程。

社会主义与资本主义的共存性和斗争性，将是这种共时并存的一个显著特点。社会主义自从一产生，就决定了与资本主义充满了你死我活的意识形态斗争。1917年列宁领导的俄国"十月革命"取得胜利，标志着世界上第一个社会主义国家建立，当时真可谓世界的"大变局"，从而形成了社会主义与资本主义两种根本对立的社会制度的共时并存。显然，只要中国坚持走社会主义道路，可以说这种与资本主义的对立与斗争就是天生的、不可避免的，资本主义的"和平演变"与社会主义的反"和平演变"的斗争，就是真真实实存在的。无论从理论逻辑还是从客观现实上看，社会主义和资本主义的对立都不是抽象的对立，而是实实在在的两种社会制度之间的斗争。

社会主义与资本主义的共存性和斗争性，表现为资本主义力图以各种手段"吃掉"社会主义和社会主义在敌强我弱的形势下顽强斗争、争取生存、争取发展的战略态势，表现为渗透与反渗透、演变与反演变、颠覆与反颠覆的斗争，而且这种斗争将在一定范围内长期存在，有时还可能会表现得相当激烈。社会主义制度与资本主义制度的这种共存性和斗争性，也就决定了社会主义现代化与资本

---

① 《马克思恩格斯选集》第1卷，人民出版社1995年版，第277页。

主义现代化是两种性质完全不同的现代化，两者具有本质区别。

马克思恩格斯运用辩证唯物主义和历史唯物主义的世界观和方法论，在科学考察人类社会发展的一般规律和资本主义社会发展的特殊规律基础上，得出了社会主义社会是"资本主义所产生的那种社会力量发生作用的结果"①，是人类向往和追求的理想社会制度，是资本主义的最终替代者，得出了"资本主义必然灭亡、社会主义必然胜利"的基本结论。社会主义制度代替资本主义制度，是人类社会发展不可抗拒的历史规律。但是，马克思恩格斯同时也指出，资本主义的灭亡与共产主义的实现，是一个漫长的艰巨的历史过程。这就决定了社会主义代替资本主义必然具有长期性、艰巨性和复杂性。

> 无论哪一个社会形态，在它所能容纳的全部生产力发挥出来以前，是决不会灭亡的；而新的更高的生产关系，在它的物质存在条件在旧社会的胎胞里成熟以前，是决不会出现的。②

由人类社会的历史发展规律所决定，社会主义现代化是资本主义现代化的必然替代者，它深刻反映了社会主义社会形态和制度在现代化发展问题上的本质规定性。然而，由于社会主义代替资本主义必然具有长期性、艰巨性和复杂性，也就决定了社会主义现代化代替资本主义现代化必然具有长期性、艰巨性和复杂性。这种长期

① 《列宁全集》第 31 卷，人民出版社 2017 年版，第 81 页。
② 《马克思恩格斯选集》第 2 卷，人民出版社 1995 年版，第 33 页。

性、艰巨性和复杂性，必然要求在建设中国特色社会主义现代化的过程中，既要看到中国式现代化道路与西方式现代化道路的相互联系和批判继承关系，又要看到二者的本质区别和根本对立，必须采取辩证的态度。

社会主义现代化与资本主义现代化的共时并存，意味着在一定的历史时期内，两者也会有某些局部的相互交汇融合和互为同化借鉴，表现为一种斗争中有融合、融合中有斗争的批判继承关系。由于资本主义现代化首先在话语权上占据着人类社会文明发展的共同成果，社会主义现代化建设必须对其进行坚决的批判和合理的继承。如果离开了对资本主义现代化的合理继承，社会主义现代化也就失去了丰富的历史内涵；同时，如果离开了对资本主义现代化的批判超越，社会主义现代化就失去了应有的社会主义性质和存在理由。社会主义现代化与资本主义现代化在本质上的根本对立，又使两者有时不可避免地处于剧烈裂变和尖锐斗争之中，虽然斗争的结果只能是进步的社会主义现代化在对立和融合中不断地发展自身、完善自身，并最终代替资本主义现代化，但其艰巨性、复杂性和长期性将是一个必然的历史过程。对此，我们必须保持清醒的认识。

当今世界，正是这样一种多样、多元、多质态社会共时并存的世界。因此，与西方式现代化共时并存并将长期并存，是中国式现代化道路的显著特征。也正因为如此，构建和平共处的新型国际关系，建设和谐世界，构建人类命运共同体，才成为中国式现代化道路的必要选择与重要内涵。中国式现代化道路改变了西方式现代化固有的扩张、掠夺、霸权的发展基因，走的是一条既发展自身又造福世界的现代化之路，是走和平发展道路的现代化。坚持同世界各国合作共赢，推动建设新型国际关系，推动形成更加公正合理的全球治理体系，推动构建人类命运共同体，以中国的新发展为世界提供新机遇，既站在了人类文明发展的道义制高点，又创造了人类文明发展的新形态。

（二）全面建成小康社会基础上的现代化

中国从提出"全面建成小康社会"到提出"全面建设社会主义现代化"，这是中国式现代化进程中两个紧密相连的发展阶段，是从中国社会主义初级阶段的基本国情出发，根据中国地域广大、人口众多、基础薄弱，区域发展、城乡发展、贫富发展不平衡而提出的发展战略目标，深刻体现了"贫穷落后"与"社会主义"的共时并存特征。

所谓"全面小康"，只是初步的现代化，是中国全面建设现代化的重要前提和物质基础。"全面建设现代化"是中高等发达的现代化，是在全面建成小康社会基础上提出的更高要求的奋斗目标，是一次新的提升和跨越，是更加全面、更高质量、更高水平的现代化，是为全面建成社会主义现代化强国和实现中华民族伟大复兴奠定更加雄厚基础的现代化发展阶段。这是独具中国特色的中国式现代化道路，是区别于西方发达资本主义国家现代化和苏联时期社会主义现代化的鲜明特色。

"全面建设社会主义现代化"又分为"基本实现"和"全面实现"两个阶段。所谓"基本实现"是要达到"中等发达国家"水平的现代化，即世界发达国家的中间水平。所谓"中等发达国家"，就是初步实现现代化后，随着经济社会的进一步发展，现代化发展水平在已经实现现代化的国家中居于中间水平，既高于初步实现现代化的国家又低于高度发达的现代化国家，这既有定性标准又有定量标准。

关于"基本实现社会主义现代化"，中国共产党十九大报告提出了包括"我国经济实力、科技实力将大幅跃升，跻身创新型国家前列；人民平等参与、平等发展权利得到充分保障，法治国家、法治政府、法治社会基本建成，各方面制度更加完善，国家治理体系和治理能力现代化基本实现；社会文明程度达到新的高度，国家文化软实力显著增强，中华文化影响更加广泛深入；人民生活更为宽裕，中等收入群体比例明显提高，城乡区域发展差距和居民生活水平差距显著缩小，基本公共服务均等化基本实现，全体人民共同富裕迈出坚实步伐；现代社会治理格局基本形成，社会充满活力又和谐有序；生态环境根本好转，美丽中国目标基本实现"①等六大方面的目标要求。

在中国共产党十九大提出的发展目标基础上，中国共产党十九届五中全会进一步科学分析了中国发展的现实条件与科学把握未来发展的可行性，统筹兼顾物质文明与精神文明的协调发展、硬实力与软实力建设的齐头并进，明确提出了中国到 2035 年基本实现社会主义现代化的远景目标，表述更加具体，涉及政治、经济、科技、文化、教育、民生、军事等九个方面的任务要求和重大举措，既高远务实又积极稳妥，既具有目标导向性又具有现实操作性。《中

---

① 《习近平谈治国理政》第三卷，外文出版社 2020 年版，第 22—23 页。

华人民共和国国民经济和社会发展第十四个五年规划和 2035 年远景目标纲要》描述道：

展望 2035 年，我国将基本实现社会主义现代化。经济实力、科技实力、综合国力将大幅跃升，经济总量和城乡居民人均收入将再迈上新的大台阶，关键核心技术实现重大突破，进入创新型国家前列。基本实现新型工业化、信息化、城镇化、农业现代化，建成现代化经济体系。基本实现国家治理体系和治理能力现代化，人民平等参与、平等发展权利得到充分保障，基本建成法治国家、法治政府、法治社会。建成文化强国、教育强国、人才强国、体育强国、健康中国，国民素质和社会文明程度达到新高度，国家文化软实力显著增强。广泛形成绿色生产生活方式，碳排放达峰后稳中有降，生态环境根本好转，美丽中国建设目标基本实现。形成对外开放新格局，参与国际经济合作和竞争新优势明显增强。人均国内生产总值达到中等发达国家水平，中等收入群体显著扩大，基本公共服务实现均等化，城乡区域发展差距和居民生活水平差距显著缩小。平安中国建设达到更高水平，基本实现国防和军队现代化。人民生活更加美好，人的全面发展、全体人民共同富裕取得更为明显的实质性进展。①

———————

① 《中华人民共和国国民经济和社会发展第十四个五年规划和 2035 年远景目标纲要》，《人民日报》2021 年 3 月 13 日。

这一远景目标，与中国共产党十九大提出的战略安排相互衔接、一脉相承、内在统一，为全面建设社会主义现代化提供了更加明确的指向标、清晰的航程表。

2021 年 1 月 11 日，习近平在省部级主要领导干部学习贯彻党的十九届五中全会精神专题研讨班上的讲话中指出，中国共产党在运用马克思主义基本原理解决中国实际问题的实践中逐步认识到，发展社会主义不仅是一个长期历史过程，而且是需要划分为不同历史阶段的过程。

1959 年底至 1960 年初，毛泽东在读苏联《政治经济学教科书》时就提出："社会主义这个阶段，又可能分为两个阶段，第一个阶段是不发达的社会主义，第二个阶段是比较发达的社会主义。后一阶段可能比前一阶段需要更长的时间。"[1]

1987 年，邓小平也说："社会主义本身是共产主义的初级阶段，而我们中国又处在社会主义的初级阶段，就是不发达的阶段。一切都要从这个实际出发，根据这个实际来制订规划。"[2]后来在南方谈话中，他进一步指出："如果从建国起，用一百年时间把我国建设成中等水平的发达国家，那就很了不起！"[3]

在全面建成小康社会的基础上，中国进入新发展阶段。所谓新发展阶段，既是中国全面建设社会主义现代化国家、向第二个百年奋斗目标进军的阶段，也是中华民族伟大复兴进入不可逆转的历史进程、实现大跨越发展的阶段。中国所处的新发展阶段，既

---

[1] 《毛泽东文集》第八卷，人民出版社 1999 年版，第 116 页。

[2] 《邓小平文选》第三卷，人民出版社 1993 年版，第 252 页。

[3] 《邓小平文选》第三卷，人民出版社 1993 年版，第 383 页。

是社会主义初级阶段中的一个阶段，同时又是其中经过几十年积累、站到了新的起点上的一个阶段，是努力完成历史宏愿的阶段，是向更高目标和更高阶段迈进的阶段。

（三）具有双重特征的人的现代化

中国式现代化是世界现代化的重要组成部分，是世界现代化进程中的最大助力，在一定意义上改变着世界现代化的格局和影响着世界现代化的进程。从国际上看，世界现代化的发展进程一般分为两个阶段，一是从农业社会向工业社会过渡的现代化阶段；二是从工业社会走向后工业社会的信息化社会阶段。当今世界，由以欧美国家为代表的发达资本主义国家引领世界向信息化社会过渡，正经历着现代化的第二阶段。中国是世界上最大的发展中国家，也是最大的社会主义国家，由于在社会发展和现代化进程中具有后发性又具有赶超性，在普遍意义上，中国式现代化兼具了第一阶段和第二阶段的双重特性。因此，在这种意义上说，中国式现代化道路也具有共时并存的显著特征。

中国式现代化道路面临着发展不平衡不充分的问题，整个国家呈现出现代化发展的双重特征。这种状况，是与中国处于并将长期处于社会主义初级阶段的基本国情密切相关的。从现代化的发展进程看，中国地域广博，人口众多，发展极为不平衡，既有发展可媲美发达国家的以工业和高新技术生产为主的地区，也有发展较为落后的以农业生产为主的地区。在享受改革发展成果的实际情况下，发展不平衡不充分影响下的人力资源流动，呈现出"中西部许多地区人口大量外迁、劳动力弃农从工、人才流失等现象日益凸显，降低了当地的劳动生产效率以及消费总需求，导致产业萎缩，已逐渐开始对以农业为主的地区的经济产生负效应"① 的状况。

中国式现代化的这种双重特征，还直接表现在影响着实现人的现代化的双重特征上，中国社会大部分公民充分表现出个体化和个性化的双重特征。所谓个体化和个性化，是两个内涵不同的概念。个体化主要是就人的生存方式而言的，个性化主要是就人的发展方式而言的，在历史进程中，两者本来是一种递进的关系。然而，在中国式现代化的历史进程中，个体化和个性化却成为一种共时并存的关系。一方面，中国尤其是中西部地区还存在大量农业社会、农耕文明的传统，人作为个体向东部流动打工，表现出一种原子化的被动式嵌入社会结构的生存发展方式；另一方面，"在新生代农民工看来，文化生活已经不只是业余的娱乐，对新鲜事物的关注和学习知识成为需求，他们更加渴望丰富且更高层次的精神文化生活"②，大量受过义务教育、具备中小学文化知识的人群，开始利用各种媒介，在枯燥生活的同时进行自我表现、自我学习，丰富自己的精神世界，同时又体现出人的个性化追求。

社会主义与市场经济的结合，是中国式现代化道路的一种创造性超越。在社会主义市场经济的发展过程中，追求自身利益的主体必然要求不断扩大社会活动的自由空间，尊重个体的主体性观念

---

① 陈蓉、王美凤：《经济发展不平衡、人口迁移与人口老龄化区域差异——基于全国287个地级市的研究》，《人口学刊》2018 年第 3 期。

② 高梦媛、郑欣：《文化自觉：从娱乐消费看新生代农民工的城市适应——基于长三角地区外来务工人员的考察》，《中国青年研究》2013 年第 7 期。

和对多元价值的选择权利，满足社会个体作为社会公民的基本权利要求和主体意识。这就是说，在推进中国式现代化的历史进程中，尊重社会个体的主体性观念和价值选择，是实现社会个体自由活动的思想基础，个体化和个性化成为一种有机结合、相辅相成，实现人的现代化的双重内容。在一定意义上说，尊重社会个体的主体性观念和价值选择，也就是尊重人的个性，也就是促进人的现代化。

六、追赶型与原创性相统一的现代化

一般认为，中国的近现代化是从 1840 年鸦片战争后开始的，是一场外发型和追赶型的现代化。但是，1840 年显然只能作为中国近现代化的开端，而不能作为中国式现代化的开端。因为"中国式现代化道路"这一概念的提出，意味着中国现代化发展的历史自觉和民族自觉，而且这种历史自觉和民族自觉又意味着有了成功的实践为基础，有了科学的理论自觉，有了稳定的发展道路，体现着一种道路、理论、制度和文化的整体性自信。因此，这种历史自觉和民族自觉只能是从 1978 年的改革开放开始的，而且中国式现代化道路只能是中国特色社会主义道路，而不可能是传统的社会主义道路，更不可能是近代中国的民族资本主义道路。

所谓中国式现代化道路，不仅是关于中国特色社会主义现代化发展的研究范式，而且是叙事方式，是对其形成和发展的内在规律的本质揭示。"所谓的'中国模式'是中国人民在自己的奋斗实践中创造的中国特色社会主义道路。"① 这一道路，用中国特色社会主义现代化建设的伟大实践和辉煌成就，创新、证明、丰富和发展了科学社会主义的基本理论尤其是社会主义现代化理论。习近平指出：

> 当代中国的伟大社会变革，不是简单延续我国历史文化的母版，不是简单套用马克思主义经典作家设想的模板，不是其他国家社会主义实践的再版，也不是国外现代化发展的翻版，不可能找到现成的教科书。②

应该看到，中国式现代化道路虽然是在外部环境的强烈冲击下，由西方从外向内逐渐引入的过程，但是随着马克思主义的传入和中国共产党的成立，又不纯粹是一种简单的后发型或追赶型现代化，而是有着社会主义特质、独立自主特性和文明古国特征的现代化发展过程，这是人类社会发展史上从来没有过的现代化，在一定程度上存在着新型的、原生的、内生性的、原发性的和创新性的综合特征。

在中国式现代化的历史进程中，既有着向西方学习现代化的一般性特征，又有着独立自主地探索符合基本国情的中国特色，更有着由科学社会主义基本原理所决定的社会主义性质，是社会主义本质要素、中国特色要素和现代化一般要素的创造性综合再造。中国式现代化的发展过程，既是结合时代要求对中华优秀传

---

① 《十八大以来重要文献选编》（上），中央文献出版社 2014 年版，第 111 页。
② 《十八大以来重要文献选编》（下），中央文献出版社 2018 年版，第 327 页。

统文化的发展创新，是一个从传统社会向现代社会转化的"古为今用"的过程，也是一个对西方原发性现代化学习、借鉴和吸收的"洋为中用"的过程，更是一个运用科学社会主义基本原理与中国具体实际相结合、与中华优秀传统文化相结合而进行独特性创造的过程，吸纳了人类社会文明发展的一切有益成果，是一种综合性创新。

中国式现代化是一项前无古人的事业，是在历史与现实、理论与实践、中国与世界的纵横交错中——世界历史发展和世界交往联动中进行的一项伟大社会变革。因此，历史与现实、理论与实践、中国与世界的张力问题，始终是中国式现代化道路不得不面对的重大问题。可以说，这种张力自鸦片战争以来就一直伴随着中国近现代化的历史进程，诸如从太平天国运动、洋务运动、戊戌变法到义和团运动、辛亥革命，从新文化运动和五四运动到 20 世纪二三十年代的中国社会性质大论战、中西文化论战、本土化与西方化论战，乃至到改革开放以来的"黄土文明"与"海洋文明"论战、新自由主义思潮、宪政论思潮、历史虚无主义思潮、儒家文化复兴论思潮等，都是对这一张力的不同回答和探索。

在这一历史进程中，虽然曾有过彻底否定传统和简单复归传统的偏执，对传统性与现代性、中国化与西方化、民族性与世界性的辩证认识不足，但最终在中国共产党领导下，中国式现代化道路"在全球化和弘扬中华文明的交叉背景之下重新审视和思考传统与现代化的关系，把传统与现代化有机结合起来，论证真实的现代化既不是对传统的简单复归也不是对传统的完全排斥。全面理解的现代化必须以传统为基础同时又超越传统：既继承传统也改造传统；

这样的现代化既是地方的也是全球的"①。

中国式现代化道路，意味着一个拥有 14 亿多人口、占世界人口近 1/5 的社会主义发展中大国正共同富裕起来，一个国土面积居世界第三位且内部地域之间差异极大的国家正在强盛起来，一个拥有五千多年悠久历史的文明古国正再一次强大起来。这无论是对中华民族而言，还是对正经历百年未有之大变局的当今世界而言，都具有无与伦比的历史意义和世界意义。它宣告了近代以来中华民族无数志士仁人梦寐以求的现代化正在从梦想变为现实，也以铁的事实证明只有社会主义才能救中国，只有中国特色社会主义才能发展中国，世界上的发展中国家也完全可以走出一条不同于西方式现代化的发展道路。

> 实践充分证明，中国发展为广大发展中国家走向现代化提供了成功经验、展现了光明前景，是促进世界和平与发展的强大力量，是中华民族对人类文明进步作出的重大贡献。②

社会存在决定社会意识的历史逻辑和理论逻辑，决定了伟大的时代必然呼唤伟大的思想、伟大的实践必然创造伟大的理论。正如马克思所说，"任何真正的哲学都是自己时代的精神上的精华"③。

---

① 姚新中：《传统与现代化的再思考》，《北京大学学报》（哲学社会科学版）2015 年第 3 期。
② 习近平：《在庆祝改革开放 40 周年大会上的讲话》，人民出版社 2018 年版，第 21 页。
③ 《马克思恩格斯全集》第 1 卷，人民出版社 1995 年版，第 220 页。

中国全面建设社会主义现代化，是在中国革命、建设和改革开放的历史进程中逐步推进的，创造了中国式现代化道路，这是一条追赶型与原创性相统一的现代化新道路，是一条完全不同于西方资本主义国家"原发型"现代化的新道路。著名现代化理论研究专家罗荣渠曾感叹："中国搞了一百多年的现代化运动却没有自己的现代化理论，备尝'摸着石头过河'的艰辛。"① 这一被动局面，将随着中国式现代化道路对现代化理论的综合性创新而告终。

　　因此，用已有的一切现代化理论和现代性理论，都无法科学、有效地阐释中国式现代化道路。新时代必须大力加强对中国式现代化道路的科学研究及其对建构人类文明新形态的重大意义研究，形成切合中国式现代化道路实际的现代化理论体系。中国式现代化道路颠覆了西方式现代化的普世性和唯一性神话，摧翻了所谓的内发型和外发型理论、原发型和后发型理论、现代化（狭义）理论和依附理论、人的现代化理论和现代化评价标准等现代化理论，一种既能实现社会稳定发展又能实现人与人、人与社会、人与自然乃至国与国和谐发展的新型现代化和人类文明新形态正在形成。

---

① 罗荣渠：《北大岁月》，商务印书馆 2006 年版，第 3 页。

第四章
中国式现代化道路的创造性超越

在全面建成小康社会的基础上，中国开启了全面建设社会主义现代化国家的新征程。中国式现代化道路的提出和全面推进，不仅将彻底改写现代化的世界版图，而且将从根本上改写人类社会关于现代化的理论建构和实践路径，对西方式现代化的理论体系包括理论、概念、范畴、模式、评价指标体系等构成颠覆式挑战。在中国特色社会主义实践进程中，中国式现代化道路从价值愿景、实践逻辑、理论范式、路径选择、指标体系、国际对比等多个层面对西方式现代化实现了创造性超越，对社会主义现代化理论作出了原创性贡献，对世界现代化理论和人类思想发展史作出了创造性贡献，是 21 世纪马克思主义的创新发展。

一、西方式现代化的主要模式

人类社会进入现代化发展阶段，是从西方资本主义国家开始的。一般而言，所谓现代化，是指以科技创新和工业革命为动力，以市场经济和公民社会为依托，以工业化、市场化、民主化、城市化为标志，在经济、政治、社会、文化、生态等方面发展进步的社会化过程。

从发展阶段看，一般认为，人类社会的现代化发展进程可分为两大阶段，第一个阶段是从农业经济向工业经济、农业社会向工业社会、农业文明向工业文明的转变；第二个阶段是从工业经济向知识经济、工业社会向知识社会、工业文明向知识文明、物质文明向生态文明的转变。国际上一般还把第二个阶段的现代化称为"后现代化"过程。

在西方式现代化的历史进程中，由于地理环境、文化传统、历史背景、经济条件和政治制度等差异，不同国家或地区的现代化也呈现出多样化特征。一般认为，主要有盎格鲁－撒克逊模式、莱茵模式、北欧模式、东亚模式等。此外，南欧模式（或称"地中海模式"，包括意大利、西班牙、希腊等）、印度模式和拉美模式等，都是在学习以上模式基础上的自我探索，有着自身特色并在国际上有一定影响。

（一）盎格鲁－撒克逊模式

西方式现代化的这一模式，主要以英美为代表，在经济上采取以私有制为主体的自由化市场经济，在政治上采取两党制议会体制，在文化上坚持个人主义。

英国是世界上最早进行工业革命、开启现代化进程的资本主义国家，也是西方式现代化的先行者和探索者，因此成为其他西方国家现代化的标本。"这种独一无二的性质使英国模式几乎成为一种'标准'的现代化模式。"①

但是即使作为历史在先的英国现代化，也由于历史的特殊性和民族的特殊性具有自身特色。英国现代化由于最初资本力量弱小，在面对强大的封建力量时，便存在着特有的妥协性、协商性特征，表现为一种渐进式的改良方式，并体现出强烈的保守主义色彩。因此，在政治现代化方面确立的是君主立宪制，表现为在现代政治制度内对封建因素的现代化改造；在经济现代化方面出现了国家干预经济的凯恩斯主义、较为完善的社会福利保障体系和国有企业等。

美国作为最发达的资本主义国家，是盎格鲁－撒克逊模式中最具吸引力和影响力的典范。美国现代化的发展逻辑虽然与英国"如出一辙"，却有着更为激进的资本主义进步观念色彩，通过市场化、私有化、自由化方式让市场充分配置资源，反对政府干预经济，并通过控制货币供给、税收调整、自由贸易和全球化等方式，最大限度地促进资本生产与再生产。在这些方式推动下，美国经济总量从1894年超过英国后便一直居于世界首位，而伴随着资本生产与再生产和经济结构的现代化，出现了政治、文化、社会等一系列美国现代化的特点。

---

① 舒小昀：《边缘与中心的变动：英国现代化模式探析》，《江海学刊》2010年第4期。

在政治方面，美国通过国内政治解放和国际政治秩序建构齐头并进，在国内通过战争、立法等方式解放奴隶，扩大公民范围和一系列权利，从政治和法律上确立种族、民族、男女之间的平等，这一过程表现为两党制、民主选举、联邦制、分权制衡制等政治法律制度的建立与完善，以及以法治为主体的国家治理体系的形成；在国际上则在推进经济全球化的同时，尝试建构起一个以美国资本利益为主导的国际政治秩序，并通过政治力量与经济力量、科技力量、军事力量强力推进这一全球化过程。

在文化方面，为了更大限度地促进资本生产和再生产，极大地创新了科学技术的现代化，"取决于科学的一般水平和技术进步，或者说取决于这种科学在生产上的应用"①。除了第一次工业革命是跟跑者，在第二次、第三次工业革命中，美国都已成为领跑者，成功地将内燃机、核能、生物技术、计算机、大数据等第二次、第三次科技革命的主要技术应用于生产方式和生活方式之中，促进了生产力的极大发展。同时，随着现代化的全面推进和发展，美国也逐渐形成了与之相适应的自由、平等、博爱、民主、人权等现代性价值观。

在社会方面，由经济现代化引发了教育、农业、国防、生态、社会生活等全域性的社会变革，尤其是教育现代化成为美国现代化的重要因素，实现了义务教育普遍化、高中教育普及化、高等教育大众化、职业教育与研究性大学蓬勃发展，为适应新科技革命与现代生产培养了训练有素的现代雇佣工人。

---

① 《马克思恩格斯全集》第31卷，人民出版社1998年版，第100页。

农业现代化表现为农业生产机械化和土地的大规模经营方式，农民转化为农业工人。

在社会生活方面建立了现代社会福利制度，开拓了社会组织参与社会治理的渠道，并将现代科技融入日常生活，实现电气化信息化。

在生态环境方面先污染后治理，注重本国环境保护。

在国防方面建立现代国防制度，确立了文官治军原则，建构起完备的军事教育体系和指挥体系，高度重视和发展高新军事科学技术等。

（二）莱茵模式

与英美海洋型国家不同，地处欧洲大陆的法国与德国，作为莱茵河两岸的国家，其现代化被称为"莱茵模式"，是一种"以自由竞争为基础、国家适当调节、并以社会安全为保障的资本主义市场经济"[①]。莱茵模式在文化思想上主张一种社团主义，注重对个人主义的整合和对社团的建设。在这一模式下，法国和德国又各有所异，有着本国民族特色和历史特色。与英国保守主义的渐进改良方式不同，法国现代化表现为一种激进的革命方式，也深刻地影响了西方式现代化。自 1789 年法国大革命开始，法国首先实现的是政治现代化，将封建君王送上断头台，建立了第一个共和国。同时，文化现代化也先行一步，出现了孟德斯鸠、伏尔泰、卢梭等现代启

① 张世鹏：《莱茵资本主义与全球化》，《国际政治研究》2002 年第 4 期。

蒙思想家，推动了自由、平等、民主、博爱、人权等现代性价值观的形成与传播。这种激进方式在法国政治光谱中表现为较为左翼，工人阶级力量相对强大和追求平等。

德国现代化与法国类似，但也有自身特色，在经济上采取社会市场经济模式，既反对完全放任自由的市场经济，也反对国家的全面干预，试图在资本主义市场经济的基础上，借助社会主义的优点予以干预，也就是用自由竞争代替自由放任；在政治上以"比例代表制"的选举方式确立了多党制议会制；在社会上为保障社会公平、正义与效率，建立了较为完善的社会保障体系，实行劳资"共参制"和保证银行金融的独立性。这使得德国的现代化兼顾了自由与平等、效率与公平等一系列问题，促进和保证了德国现代化的持续快速发展。

（三）北欧模式

北欧模式以高福利、高税收、高就业、高平均为特征，成为西方式现代化中独树一帜的福利社会模式。无论是联合国的《人类发展报告》，还是日内瓦的《世界经济论坛》公布的世界经济竞争力排名，北欧模式的国家都处于前列。高福利表现为"政府用于福利的开支相当于国内生产总值的1/5、财政收入的1/3甚至更高"，是从摇篮到坟墓的福利保障；高税收表现为"个人工资的三分之一以上要缴纳个人所得税"；高就业表现为用庞大的公共福利服务体系、通过创造服务劳动的就业机会以达到就业与救济的双赢局面；高平均表现为国家基尼系数长期处于0.3以下，贫富分化小，社会发展较为稳定。①北欧模式在指导思想上坚持社会民主主义，主张自由、民主、合作、妥协等现代性价值观。

（四）东亚模式

日本和亚洲"四小龙"——韩国、新加坡、中国台湾和中国香港的现代化，被称为"东亚模式"，被认为是一种追赶型现代化，是后发型国家或地区追赶现代化发达国家所进行的现代化，它们之间有着许多共性。其中，日本现代化是东亚模式的典型代表。

一般认为，日本在 20 世纪五六十年代推进的现代化，打开了东亚模式的先河，并深刻地影响了韩国、中国台湾、中国香港等的现代化。东亚模式的国家或地区，起初在经济上由于基础薄弱和落后，一般采取出口导向型经济，形成了"出口—引进—扩大出口—扩大引进—赶上世界先进水平的良性循环"②。同时，由于存在资金缺乏等不足，一般采取吸引外资的方式增加资本力量。

在科学技术方面，大多利用劳动力、土地成本低廉等优势，采取引进与模仿先进技术和结构性自主创新相结合的策略，以在国际竞争中获得更多市场和更大效益，从而积累资本。在此基础上，再通过部分技术创新占据部分技术主导权和领先地位，进而逐渐建立自身技术优势乃至技术霸权。

在对待政府与市场的关系上，主张在市场经济基础上加强政府

---

① 叶庆丰、赵虎吉：《"北欧模式"的特点和启示》，《科学社会主义》2007 年第 6 期。

② 孔凡静：《日本模式、东亚模式和中国的现代化道路》，《宏观经济研究》2003 年第 12 期。

干预，建立政府主导型经济，政府通过有计划地制定政策，进行部分产业保护和产业引导，对资本和资源进行有侧重的投资与发展等。

在政治上，则是逐步采取民主化改革，由人治走向法治，由专制走向民主，向西方政治民主化靠拢。

在文化上，大多主张民族主义，强调民族精神，以传统文化作为现代化的文化资源和文化支撑。由于东亚模式的国家或地区在传统文化上都属于儒家文化圈，所以表现为从儒家文化中汲取现代化的文化营养，结合现代化的新要求实现对传统文化的创造性转化。

二、西方式现代化被超越的必然性

在唯物史观看来，西方式现代化是在世界历史的发展进程中资本主义现代生产方式逐步确立的发展过程，其本质在于资本对剩余价值的剥削和贪婪追逐。"这个不同于中世纪的'现代生产方式'所引起的一系列革命变革开辟的新时代，就是马克思、恩格斯著作中的'现代'的科学含义。"[1] 而所谓的资本主义现代生产方式，就是资本的生产与再生产，反映的是以"劳资关系"为表征的"历史的生产关系"[2]。

马克思恩格斯曾深刻地分析了在现代社会形成过程中资本的这

---

[1]　罗荣渠：《现代化新论——世界与中国的现代化进程》（增订本），商务印书馆 2004 年版，第 20—21 页。

[2]　《马克思恩格斯全集》第 23 卷，人民出版社 1972 年版，第 835 页。

种"历史的生产关系"的本质规定性："只有当生产资料和生活资料的占有者在市场上找到出卖自己劳动力的自由工人的时候，资本才产生"。① 资本的这一本质规定，决定了资本在追逐更多剩余价值的过程中，会不自觉地促进生产力的发展和全面扩张，表现为越来越依赖于生产资料、越来越依赖于市场规模，不断地通过科学技术、工业革命、市场经济的发展，最大限度地提高生产率和否定必要劳动，并通过创造许多新需求来制造消费，以满足资本生产与再生产的闭环，从而在客观上促进经济、政治、文化、科技、社会、教育、生态等方面的文明发展和文明圈扩张。"从本质上来说，就是推广以资本为基础的生产或与资本相适应的生产方式。"② 在马克思恩格斯看来，现代社会的形成是由现代生产方式决定的，而现代生产方式就是资本的生产与再生产。

马克思恩格斯认为，现代社会形成的第一步，是通过资本实现绝大部分人与生产资料的分离，从而出现雇佣劳动，并在雇佣劳动中创造价值和剩余价值，从而实现资本的自我增殖。这是资本生产的关键一步，也是资本文明的表现，是现代化的"惊险一跃"。因为只有将人与生产资料相分离，才能将人作为一个追求生活资料的交换主体独立出来，才能作为货币拥有者进行"平等"、"自由"的交换。

> 资本的文明面之一是，它榨取这种剩余劳动的方式和
> 条件，同以前的奴隶制、农奴制等形式相比，都更有利于

---

① 《马克思恩格斯文集》第 5 卷，人民出版社 2009 年版，第 198 页。
② 《马克思恩格斯全集》第 30 卷，人民出版社 1995 年版，第 388 页。

生产力的发展，有利于社会关系的发展，有利于更高级的新形态的各种要素的创造。①

现代社会形成的第二步，就是资本再生产。资本不是货币，"而是一种以物为媒介的人和人之间的社会关系"②，资本每一次与雇佣劳动交换的过程，都是自我增殖的过程。"资本为了生成，不再从前提出发，它本身就是前提，它从它自身出发，自己创造出保存和增殖自己的前提。"③这使资本蕴含着自我增殖的内在驱动力，也就是资本再生产，这就构成了资本自我增殖的内在逻辑。

现代社会形成的第三步，是由资本再生产带来的生产力发展和全面扩张。一方面，资本在追逐剩余价值的过程中，会不自觉地促进生产力的发展，从而成为发展生产力的自发的历史力量。"社会一旦有技术上的需要，这种需要就会比十所大学更能把科学推向前进。"④因为资本的自我增殖的内在逻辑存在一个必然趋势，就是"提高劳动生产力和最大限度否定必要劳动"⑤，而实现这一必然趋势的关键，就在于提高生产资料的科技含量和利用效率，加大生产资料在生产中的比重。"劳动资料转变为机器体系，就是这一趋势的实现。"⑥这一过程，是现代化过程中现代科学技术产生和发展的内在规律，"生产过程从简单的劳动过程向科学过程的转化，也

---

① 《马克思恩格斯文集》第 7 卷，人民出版社 2009 年版，第 927—928 页。
② 《马克思恩格斯全集》第 23 卷，人民出版社 1972 年版，第 834 页。
③ 《马克思恩格斯全集》第 30 卷，人民出版社 1995 年版，第 452 页。
④ 《马克思恩格斯文集》第 10 卷，人民出版社 2009 年版，第 668 页。
⑤ 《马克思恩格斯选集》第 2 卷，人民出版社 2012 年版，第 775 页。
⑥ 《马克思恩格斯全集》第 31 卷，人民出版社 1998 年版，第 92 页。

就是向驱使自然力为自己服务并使它为人类的需要服务的过程的转化"①。这也就为科学技术在现代社会生产力要素中的重要地位奠定了基础。

另一方面，资本在追逐剩余价值的过程中，会不自觉地全面扩张，从而也成为推动世界历史的一种自发力量。资本具有"不同于以往一切生产阶段的全面趋势"②，为了获得更多的剩余价值，再生产出更多的资本，资本就需要生产出更多商品并将其消费掉，完成生产闭环，不管在什么地点都需要"在另一个地方，同物质内容进行的搏斗表现得更加激烈"③。这是资本追逐剩余价值的"空间法则"，"资本按其本性来说，力求超越一切空间界限"④。

马克思指出，资本的全面扩张和"空间法则"必然要求："第一，要求在量上扩大现有的消费；第二，要求把现有的消费推广到更大的范围来造成新的需要；第三，要求生产出新的需要，发现和创造出新的使用价值。"而这一过程表现为："（1）不断扩大流通范围；（2）在一切地点把生产变成由资本进行的生产。"所以，资本的全面扩张和"空间法则"必然带来世界市场、全球化以及交通工具、交换方式的创新，必然造就现代化也全面扩张的世界性现象。"创造世界市场的趋势已经直接包含在资本的概念本身中……要用以资本为基础的生产来代替以前的、从资本的观点来看是原始的生产方式。"⑤

① 《马克思恩格斯全集》第 31 卷，人民出版社 1998 年版，第 95 页。
② 《马克思恩格斯全集》第 30 卷，人民出版社 1995 年版，第 539 页。
③ 《马克思恩格斯全集》第 31 卷，人民出版社 1998 年版，第 452 页。
④ 《马克思恩格斯全集》第 30 卷，人民出版社 1995 年版，第 521 页。
⑤ 《马克思恩格斯全集》第 30 卷，人民出版社 1995 年版，第 388 页。

这是资本主义现代社会和现代文明形成与发展的内在规律。

显然，资本在西方式现代化进程中居于至高无上的社会本位，马克思对此进行了深刻批判。除了深入揭示资本主义的周期性经济危机，还敏锐地指出了西方式现代化带来的人对物的依赖及其异化状态，"成了一种对生产者来说是异己的关系"①。因此，他认为用资本发展生产力虽然是资本主义现代社会和现代文明形成与发展的内在规律，但是将资本抬高到社会本位的高度却是要深入批判的，这也恰恰是未来社会——社会主义和共产主义社会所要扬弃的。

在《给〈祖国纪事〉杂志编辑部的信》中，马克思尖锐地批评了米海洛夫斯基把《资本论》关于资本主义起源分析和规律揭示诠释为适用于一切民族的历史哲学和普遍规律的观点。马克思说道：

> 他一定要把我关于西欧资本主义起源的历史概述彻底变成一般发展道路的历史哲学理论，一切民族，不管它们所处的历史环境如何，都注定要走这条道路，——以便最后都达到在保证社会劳动生产力极高度发展的同时又保证每个生产者个人最全面的发展的这样一种经济形态。但是我要请他原谅。（他这样做，会给我过多的荣誉，同时也会给我过多的侮辱。）②

也就是说，"马克思从来没有说这个序列是各种生产方式演进的'逻辑公式'，它们之间具有'一个产生一个'的历史必然性；

---

① 《马克思恩格斯全集》第 30 卷，人民出版社 1995 年版，第 95 页。
② 《马克思恩格斯全集》第 25 卷，人民出版社 2001 年版，第 145 页。

更没有说每个民族都按这个演进序列循序上升。"①

在《给维·伊·查苏利奇的复信》中，马克思再次强调了他对西方式现代化形成与发展的内在规律这一"历史必然性"的揭示，只能"明确地限制在西欧各国的范围内"②，也再次反对了当时俄国自称为马克思主义者认为的俄国当时必须先成为资本主义社会的观点，并指出由于农村公社的存在，俄国有可能不通过资本主义道路的"历史必然性"，而是可以通过充分借助资本主义生产力占有的一切有益成果，直接跨越资本主义生产关系，走出一条超越资本主义现代化的道路。马克思指出：

> 它和资本主义生产的同时存在为它提供了集体劳动的一切条件。它有可能不通过资本主义制度的卡夫丁峡谷，而占有资本主义制度所创造的一切积极的成果。③

也就是说，利用资本发展生产力是现代社会和现代文明形成和发展的共性规律，但是将资本作为发展工具还是作为发展目的或社会本位，就成为能否超越资本主义现代化的关键。在世界历史进程中，将资本作为发展工具，并充分利用资本主义现代社会的最新成果发展自己，就是跨越"卡夫丁峡谷"的尝试，是一种新型的现代化模式。而如何跨越"卡夫丁峡谷"则需要根据各个民族、国家或

---

① 罗荣渠：《现代化新论——世界与中国的现代化进程》（增订本），商务印书馆2004年版，第61页。
② 《马克思恩格斯文集》第3卷，人民出版社2009年版，第583页。
③ 《马克思恩格斯文集》第3卷，人民出版社2009年版，第578页。

地区的实际情况来决定。可见，马克思并没有把西方式现代化等同于所有现代化，他所反对的恰恰是将西方式现代化等同于所有现代化，各个民族、国家或地区可以根据自身具体情况，在充分利用资本主义现代社会最新成果的基础上，跨越"卡夫丁峡谷"而创造现代化的新模式。

中国特色社会主义现代化建设创造出来的中国式现代化道路，正是跨越"卡夫丁峡谷"的一种成功尝试。中国式现代化道路的伟大实践和理论建构，立足于马克思主义唯物史观，在世界历史的发展逻辑中把握历史与现实、理论与实践、中国与世界的有机统一，一种既能实现社会稳定发展又能实现人与人、人与社会、人与自然之间和谐发展乃至国与国之间和平发展的新型现代化和人类文明新形态正在形成。

我们可以通过科学抽象的方法，透过现象抓住中国式现代化道路的本质。"科学的抽象和片面的经验归纳不同，它不是从大量的事例中抽取一般的东西来制造同一性，如所有天鹅都是白的等等，而是通过对同一对象的深入分析，区别本质的东西和非本质的东西，以便在最纯粹、最简单的形态上把握对象。"①可以看到，中国式现代化道路没有重走盎格鲁－撒克逊模式、莱茵模式、北欧模式、东亚模式等西方式现代化的老路，而是实现了对西方式现代化的创造性超越。

中国式现代化道路，一方面将人民从被资本增殖剥削的对象转变为社会本体地位，将实现人民对美好生活的向往和追求人的自由

① 黄楠森等主编：《马克思主义哲学史》第二卷，北京出版社1991年版，第354页。

全面发展作为现代化发展的根本目的，将人民的劳动创造、共建共享作为中国式现代化形成和发展的内在规律；另一方面也充分利用资本的文明面，将资本从社会本体地位转化为解放和发展社会生产力、为满足人民美好生活需要服务的现代化工具地位，从而实现了"资本—人民"的本位置换。这是中国式现代化道路与西方式现代化的本质区别。这种本位置换和本质区别，必然将资本逐利的增殖逻辑转换为满足人民美好生活需要和共建共享的发展逻辑，将资本的文明面融入到人民本位的社会文明之中，资本增殖的目的不再是为了剥削和获得剩余价值，而是为了满足人民美好生活需要和人的自由全面发展。

中国式现代化道路，是一条完全不同于西方式现代化的道路，是一条史无前例、独具中国特色的现代化发展之路，是中国共产党领导中国人民独创的一条人间正道。这一道路，鲜明地体现出优越于资本主义制度的社会主义制度性质和人的自由全面发展的根本要求，创造性地建构了以人民本位、共建共享、自觉推动、和平发展、命运与共、合作共赢等为丰富内涵的理论体系和实践路径，全面超越了以资本本位、逐利本性、自发生成、丛林法则、全面扩张、唯我独霸等为主要内容的西方式现代化的特质。习近平说：

> 使具有 5000 多年文明历史的中华民族全面迈向现代化，让中华文明在现代化进程中焕发出新的蓬勃生机；……中国这个世界上最大的发展中国家在短短 30 多年里摆脱贫困并跃升为世界第二大经济体，彻底摆脱被开除球籍的危险，创造了人类社会发展史上惊天动地的发展奇迹，使中华民

族焕发出新的蓬勃生机。①

概括中国式现代化道路对西方式现代化的创造性超越，其主要内涵可以用下面的模型表示：

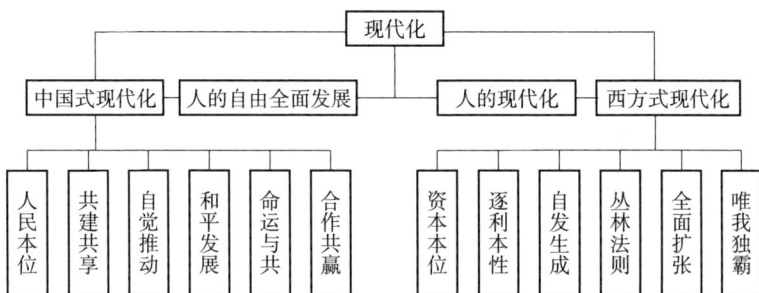

中国式现代化道路对西方式现代化的创造性超越模型图

三、超越资本本位确立人民本位

在唯物史观看来，西方式现代化是资本生产和再生产走向世界历史的产物，在一定意义上说，也是资本全球化的产物。西方式现代化之所以被称为资本主义现代化，正是以资本为本位，以资本增殖作为社会发展的内在动力，人民作为劳动者成为资本增殖剥削的对象，是一种资本本位的现代化。资本本位形成了以逐利为发展逻辑的现代化。"资本逻辑是资本所呈现出的反映资本主义客观现实活动的内在联系、运行轨迹、发展趋势。"②

---

① 习近平：《在庆祝中国共产党成立 95 周年大会上的讲话》，人民出版社 2016 年版，第 4 页。

② 张雷声：《论资本逻辑》，《新视野》2015 年第 2 期。

资本本位意味着资本在现代社会中处于支配一切的地位，既是现代化的动力也是现代化的结果。在自我增殖的过程中，资本呈现为一种生产与扩大再生产的动态结构，将资本生产关系渗透到所有的社会关系之中，把一切社会关系都变成了"纯粹的经济关系"①，并使资本成为"过程的主体"②而获得主体性。因此，西方式现代化在完全发挥资本的历史作用的同时，也受资本本位所包含的剩余价值率下降趋势的困扰，在"自我增殖"的历史过程中导致"自我贬值"，在"克服限制"的发展过程中"自我限制"，在促进"生产力发展"的过程中"毁灭生产力"。

那么，中国式现代化是不是也是资本生产和再生产的产物呢？又是如何体现资本生产和再生产的呢？与西方式现代化到底有什么共同之处又有什么本质区别呢？对这一系列问题的理论追问，是中国式现代化道路研究需要回答的元问题，决定着中国式现代化理论范式的建构。

中国式现代化道路与西方式现代化，都依靠现代资本的生产与再生产，显然这是两者的共性。然而，中国式现代化道路与西方式现代化的本质区别，首先在于实现了资本本位与人民本位的相互置换，确立了人民本位的现代化，是对资本本位的西方式现代化的扬弃和超越。所谓人民本位的现代化，就是把在资本主导下的"资本—劳动—人民"三者之间颠倒了的主客体关系再颠倒过来，人民作为社会本位成为驾驭资本的主体，而不是再作为资本增殖剥削的对象。

---

① 《马克思恩格斯文集》第 2 卷，人民出版社 2009 年版，第 477 页。
② 《马克思恩格斯全集》第 31 卷，人民出版社 1998 年版，第 12 页。

　　马克思主义博大精深，归根到底就是一句话，为人类
求解放。……马克思主义之所以具有跨越国度、跨越时代
的影响力，就是因为它植根人民之中，指明了依靠人民推
动历史前进的人间正道。①

　　中国式现代化道路以人民为本位，以满足人民不断增长的美好
生活需要和人的自由全面发展为根本目的，从而将资本作为解放和
发展社会生产力的工具和促进现代化的手段。这意味着中国式现代
化道路的出发点和落脚点始终都是人的发展，而不是经济增长，经
济增长完全是为人的发展服务的，解放和发展生产力的最终目的在
于消灭剥削、消除两极分化，最终实现共同富裕和人的自由全面发
展。这虽然是同一过程的两个方面，却与西方式现代化有着本质
区别。

　　在社会主义初级阶段社会生产力落后的情况下，中国式现代化
道路最初提出"以经济建设为中心"，以经济发展促进人的发展，
充分利用资本的文明面解放和发展生产力，而"以人民为中心"的
发展思想则是中国式现代化道路的本位体现和本质体现。

　　依靠资本逻辑的西方式现代化发展模式，就是只局限在资本可
以增殖的领域发展，而不关注资本不能增殖的领域发展，因而形成
一种发展的越发展、滞后的越滞后的"螺旋形"的文明形态。"资
本划了一个圆圈，作为圆圈的主体而扩大了，它就是这样划着不断

---

① 习近平:《在纪念马克思诞辰 200 周年大会上的讲话》，人民出版社 2018 年版，第
　8 页。

扩大的圆圈，形成螺旋形。"① 在"螺旋形"的文明形态里，在资本增殖的发展逻辑下，虽然会不断上升和前进，但是这种发展既不全面也有限度，还会由于资本的内在限制而出现危机，是一种不可持续的片面发展模式。

中国式现代化道路遵循的则是人民本位的发展逻辑。如果说资本本位的发展是一种"螺旋形"的自我增殖的过程和文明形态，那么人民本位的发展逻辑则是一种各领域全域性进步、以立体"球状形"全面发展的文明形态，在不断生成和全方位地满足人民美好生活需要的过程中，不断促进人的自由全面发展。在"球状形"的文明形态里，在人民本位的发展逻辑下，现代化发展的内在动力是满足人民对美好生活的向往和需要，实现的是人的自由全面发展，因而是一种统筹兼顾、全面协调、可持续的全面发展模式。

资本本位意味着资本决定一切，人民本位意味着人民决定一切。西方式现代化的资本生产和再生产，是为了贪婪地追求剩余价值，必然依赖生产资料、市场规模、科学技术，甚至不惜侵略扩张、殖民掠夺。中国式现代化道路的资本生产和再生产，则是为了满足人民美好生活的需要，虽然也必然依赖于生产资料、市场规模、科学技术，但是目的已与西方式现代化根本不同。人民本位确证了中国式现代化道路的社会主义性质，社会主义性质同时也决定着中国式现代化道路的人民本位。

以"公有制为主体、多种所有制经济共同发展，按劳分配为主

---

① 《马克思恩格斯全集》第31卷，人民出版社1998年版，第146页。

体、多种分配方式并存，社会主义市场经济体制"①的社会主义基本经济制度，体现了这种相互决定、相互确证和相互保证。公有制为主体体现了中国式现代化道路在生产关系和所有制结构上的人民本位，"社会主义有两个非常重要的方面，一是以公有制为主体，二是不搞两极分化"②。所有制决定分配制度，多种所有制并存是由中国社会主义初级阶段基本国情所决定的，决定了多种分配方式并存，而社会主义市场经济体制则是资源配置的手段和方式。对社会主义所有制、分配形式与市场经济之间的相互关系这一元问题的厘清，并通过实现相应的体制机制改革，使中国式现代化道路回答和解决了社会主义与市场经济能否结合的"世界性难题"。

这是中国式现代化道路对市场经济条件下确立人民本位、实现共同富裕的重要探索，是对科学社会主义理论和实践的重大发展。

四、超越逐利剥削实现共建共享

资本本位决定了西方式现代化的根本目的，在于最大限度地实现资本增殖，发展逻辑就是为了最大限度地获得剩余价值，这构成了西方式现代化的终极指向，意味着所有其他目的都要为追逐剩余价值的逐利本性让步、服务。而为了获得剩余价值，就必须坚持和维护资本主义私有制，即生产资料的普遍剥离和无偿占有雇佣劳动

---

① 《中共中央关于坚持和完善中国特色社会主义制度　推进国家治理体系和治理能力现代化若干重大问题的决定》，《人民日报》2019 年 11 月 6 日。
② 《邓小平文选》第三卷，人民出版社 1993 年版，第 138 页。

的剩余价值的所有制，从而必然导致两极分化的社会现象。"活劳动只不过是这样一种手段，它使对象化的死的劳动增殖价值，赋予死劳动以活的灵魂，但与此同时也丧失了它自己的灵魂，结果，一方面把已创造的财富变成了他人的财富，另一方面只是把活劳动能力的贫穷留给自己"。①

即便是以高税收、高福利著称的北欧模式，也无法从根本上解决贫富两极分化的问题，反而因为公平与效率的悖论陷入两难境地。这是因为，北欧模式也无法变革生产资料所有制，无法解决私有制下第一次分配中剩余价值被资本家无偿占有的情况，无法解决资本家窃取工人创造的文明的情况，只能在第二次分配中改良和缩小收入差距，减少贫富分化。在这一过程中，掌握生产资料的资本家就成为资本人格化的代表。

在此意义上，追求剩余价值的西方式现代化，实现的只能是资本家的发展。

中国式现代化道路以人民为本位，决定了一切都要"以人民为中心"，人民成为实践主体、认识主体、价值主体、历史主体，共建共治共享格局成为人民主体和中国式现代化道路形成与发展的内在规律和表现形式，超越了西方式现代化的逐利本性和资本逻辑。全体人民是共建共治共享的主体，真正体现了人民本位和人民主体地位。

所谓共建，就是社会各主体共同参与现代化建设，人民共同劳动、共同创造、共同奋斗，资本只是作为生产力发展的工具方式

---

① 《马克思恩格斯全集》第30卷，人民出版社1995年版，第453页。

存在。

所谓共治，就是社会各主体共同参与现代化社会治理，搭建平等协商的平台，实行全过程民主，发挥所长，互动合作。

所谓共享，就是现代化建设的成果由人民共享，不再像西方式现代化那样，在追逐剩余价值的过程中走向剥削形式的对立甚至对抗，而是彰显共同劳动成果的公共性，体现人民的共同创造、共同拥有、共同支配、共同享受，是人民本位和人民主体地位的必然结果。

共建共治共享的基础是劳动创造。劳动创造是马克思主义"改变世界"的第一支点，是人类社会存在和发展的总根源，既是破解西方式现代化进程中资本增殖秘密的钥匙，也是中国式现代化道路取得辉煌成就的根本途径。

人民本位极大地激活了人民劳动创造的内驱力，使中国式现代化道路迈出了关键性一步，劳动不再像在资本本位主导下成为一种异化现象，中国人民在劳动态度、劳动行为和享受劳动成果等方面都发生了根本改变，人民不仅成为劳动创造的主人，为中国式现代化的发展奠定了坚实基础，而且成为劳动创造成果的拥有者、支配者和享受者，从而激发出劳动的积极性主动性创造性。

显然，中国式现代化正是全体中国人民用劳动汗水打拼出来的，用劳动创造出来的。如果离开劳动创造这把钥匙，就难以理解中国式现代化道路为什么能在这么短的时间里取得如此巨大的进步。同时，人民也正是在从事物质生产和精神生产的实践活动中，通过"劳动这种生命活动、这种生产生活本身"与自然、社会、历史、他人"持续不断地交互作用"，从而不断地生成着自己，使自己成为自然的人、社会的人、历史的人、有意识的人、主体性的人，通过具体物质生产劳动和精神生产劳动创造历史，展现与自然、社会、他人以及自身之间多重关系的丰富内涵，不断生长着对美好生活的需要。这既是社会发展的永恒动力，也是中国式现代化道路的根基所在。

因此，劳动创造力的高低，不仅是破解改革开放40多年来中国式现代化取得辉煌成就的钥匙，也是关乎中国式现代化未来发展和成功与否的关键要素。

共建共治共享的结果是共同富裕。邓小平指出："社会主义与资本主义不同的特点就是共同富裕，不搞两极分化。"① 他还说："国民收入分配要使所有的人都得益，没有太富的人，也没有太穷的人，所以日子普遍好过。"②

在人民本位的主导下，人与人的关系，不再是资本本位主导下的不对等的剥削关系，更不是借助货币的物化关系，而是一种通过共建共治共享而相互确证的平等关系。换句话说，共建共治共享是通过人与人之间的平等关系与共同作用和对物的占有来互相确证的，其结果和最终目的必然是共同富裕，而不再是两极分化。邓小平说：

> 社会主义的经济是以公有制为基础的，生产是为了最大限度地满足人民的物质、文化需要，而不是为了剥削。由于社会主义制度的这些特点，我国人民能有共同的政治

---

① 《邓小平文选》第三卷，人民出版社1993年版，第123页。
② 《邓小平文选》第三卷，人民出版社1993年版，第161—162页。

经济社会理想，共同的道德标准。以上这些，资本主义社会永远不可能有。资本主义无论如何不能摆脱百万富翁的超级利润，不能摆脱剥削和掠夺，不能摆脱经济危机，不能形成共同的理想和道德，不能避免各种极端严重的犯罪、堕落、绝望。①

中国式现代化道路，除了在第二次分配中平衡收入外，还能充分发挥社会主义制度的优越性，让先富地区通过投资、帮扶、财政转移等方式，帮助落后地区共同富裕起来。通过形成公共服务体系，促进社会公平正义，以有效的社会治理方式满足人民的美好生活需要，使人民群众增强获得感幸福感。还表现为现代教育事业、社会保障体系、医疗卫生服务体系、交通网络和现代社会治理的形成发展。在社会现实中，共建共治共享还体现在通过一系列结对帮扶、驻点帮扶等方式，助力落后地区打赢脱贫攻坚战，解决困扰中国几千年的贫困问题，这已经成为中国式现代化道路的重要象征。

五、超越自发生成实现自觉推动

西方式现代化实际上是一场资本增殖的自发的历史生成。资本生产和再生产的根本目的，是为了资本增殖，最大限度地获得剩余价值，而不是解放和发展生产力，提高生产力也只是为了更快更多

---

① 《邓小平文选》第二卷，人民出版社1994年版，第167页。

地获得剩余价值的手段。

"看不见的手"被西方经济学理论用来隐喻参与经济运作的个体，为了一己之私利而进行的商业行为，恰好为整个社会福祉作出的相应贡献，以此来掩盖资本的逐利本性，把市场经济说成是一定约束之下基于理性个体的自由行动，自发建构并演进扩展而来的经济秩序。

"自发秩序"也被西方经济学理论用来描述西方式现代化进程中人类作为一群自私自利的个体，在自身组合而成的社会中，非人为刻意产生的各种社会秩序。不仅市场经济是一种"自发秩序"或"耦合秩序"，"比任何设计都能实现的社会资源更有效的配置"①，而且大脑、科学、民法也被描绘成一种自发秩序，民主是政府的自发秩序形式，甚至生物进化、宗教、语言、艺术和文学作品也成了自发秩序。似乎一切都是自发秩序，声称这种"自发秩序"优于人类头脑根据所需信息的细节而设计的任何秩序。②

西方式现代化虽然也有远景规划，但是由于公权力干预社会发展的自足性缺失和选举式民主的弊端，所谓"顶层设计"只能关注选民的现实需求，不仅难以体现长远性和战略性，而且只能处于引导层面，难以真正发挥作用。

马克思曾站在历史的高度，充分肯定了西方式现代化以头足倒置的方式创造出了许多新需求，在客观上促进了社会生产力的发

---

① Christian Petsoulas, *Hayek's Liberalism and Its Origins: His Idea of Spontaneous Order and the Scottish Enlightenment*, London: Routledge, 2001, p.2.

② F.A. Hayek, *The Fatal Conceit: The Errors of Socialism*, Chicago: University of Chicago Press, 1991, p.6.

展，为人的自由全面发展创造了前提。他说：

> 同样要发现、创造和满足由社会本身产生的新的需
> 要。培养社会的人的一切属性，并且把他作为具有尽可能
> 丰富的属性和联系的人，因而具有尽可能广泛需要的人生
> 产出来——把他作为尽可能完整的和全面的社会产品生产
> 出来（因为要多方面享受，他就必须有享受的能力，因此
> 他必须是具有高度文明的人）——，这同样是以资本为基
> 础的生产的一个条件。[①]

但是，西方式现代化是一场不自觉的历史生成过程，新产生的需要并不是为了人的自由全面发展，而只是为了满足资本生产与再生产，容易出现虚假需求的现象，从而出现种种内在悖论。这已为历史所证明，西方式现代化出现了诸如拜金主义、极端个人主义、享乐主义、消费主义、娱乐至上、单向度的人等现代性问题。

由于本位置换和根本目的不同，中国式现代化道路则是一场自觉的历史推动，是人民本位、共建共治共享、人民驾驭资本增殖逻辑的现代化过程，极大地超越了西方式现代化的自发生成。

中国式现代化道路的自觉推动，首先集中体现在坚持中国共产党领导的最大优势。

> 中国特色社会主义最本质的特征是中国共产党领导，

---

① 《马克思恩格斯全集》第 30 卷，人民出版社 1995 年版，第 389 页。

> 中国特色社会主义制度的最大优势是中国共产党领导，党
> 是最高政治领导力量。①

中国共产党的领导，代表着人民的根本利益，体现着满足人民美好生活需要的自觉生成过程。中国共产党领导下的中国式现代化道路，首先把"为什么人"的问题放在现代化建设的第一位。"为什么人的问题，是检验一个政党、一个政权性质的试金石。"②"永远把人民对美好生活的向往作为奋斗目标"③。

中国式现代化道路将满足人民美好生活需要作为发展目的，同时也是一个在社会实践中不断生成的客观历史发展过程，"因为所谓的第一生活需要的数量和满足这些需要的方式，在很大程度上取决于社会的文明状况，也就是说，它们本身就是历史的产物。"④正是在追求满足人民美好生活需要的过程中，中国式现代化道路从人的物质生活需要逐渐延伸到精神文化等全面性需要，在满足人的需要过程中全面发展个体，健全社会，把实现人的自由全面发展作为至善追求和终极指向。

中国式现代化道路的自觉推动，具体体现在坚持中国共产党领导的顶层设计。中国式现代化既是中国传统社会向现代社会转化的历史发展过程，又是一个理想向现实不断转化的历史发展过程。可以看到，在中国共产党领导的革命、建设和改革进程中，有目标、

---

① 《习近平谈治国理政》第三卷，外文出版社 2020 年版，第 94 页。
② 《习近平谈治国理政》第三卷，外文出版社 2020 年版，第 35 页。
③ 习近平：《决胜全面建成小康社会　夺取新时代中国特色社会主义伟大胜利——在中国共产党第十九次全国代表大会上的报告》，人民出版社 2017 年版，第 1 页。
④ 《马克思恩格斯全集》第 32 卷，人民出版社 1998 年版，第 49 页。

有计划、分步骤地推进，始终是一个显著特征。它完全不同于西方式现代化的自发生成，而是加强顶层设计、自觉推动出来的一条现代化发展之路。

中国式现代化道路不仅将共产主义远大理想和中国特色社会主义共同理想的阶段性奋斗目标结合起来，绘制出宏伟蓝图，而且还通过制定"五年规划"和远景目标等重大举措，锚定目标一步一步接着跑，一段一段接着干，形成发展连贯性。改革开放以来，已如期和提前实现温饱、小康、全面脱贫和全面建成小康社会等重要阶段性目标，正稳步迈向基本实现和全面实现现代化的新征程。

从内容上看，新中国成立后提出的"现代化"主要指向现代化工业、农业、国防和科学技术，改革开放后从"以经济建设为中心"到"五位一体"总体布局，中国式现代化道路的内涵更加丰富全面。

从时间上看，新中国成立后提出了实现"四个现代化"的发展战略，改革开放后根据实际情况的发展变化先后提出了"老三步走"、"新三步走"的发展战略，"两个一百年"的发展战略和分"两个阶段"全面实现现代化的战略安排。

从举措上看，改革开放以来，中国式现代化道路逐渐形成了"坚持走中国特色新型工业化、信息化、城镇化、农业现代化道路，推动信息化和工业化深度融合、工业化和城镇化良性互动、城镇化和农业现代化相互协调，促进工业化、信息化、城镇化、农业现代化同步发展"①，把推进国家治理体系和治理能力现代化作为重要内容和重要保障，统筹推进"五位一体"总体布局、协调推进"四

---

① 《十八大以来重要文献选编》（上），中央文献出版社 2014 年版，第 16 页。

个全面"战略布局，坚决贯彻创新、协调、绿色、开放、共享的新发展理念，努力实现更高质量、更有效率、更加公平、更可持续、更为安全的社会发展。

六、超越丛林法则实现和平发展

历史表明，西方式现代化不仅在初期都是通过血汗工厂、侵略扩张、殖民掠夺来实现资本原始积累的，表现为征服、奴役、掠夺、杀戮的历史发展过程，而且在追逐剩余价值的过程中，资本生产和再生产开启了世界历史的发展进程，资本的全面扩张将世界市场扩展到全球，轰开了一切处于自然或历史状态国家的"万里长城"，表现为西方式现代文明对一切传统文明的"侵略"，是一种"弱肉强食"的丛林法则。

马克思在论述资本原始积累时曾说："资本来到世间，从头到脚，每个毛孔都滴着血和肮脏的东西。"①在资本本位主导的现代国际秩序中，西方式现代化试图建构一个处于对抗和剥削状态的现代国际关系，通过不平等的国际政治经济秩序，将绝大部分国家和人民置于被剥削被压迫的地位，以实现剩余价值的国际化生产和转移。在"弱肉强食、适者生存"的"丛林法则"中，寻找被剥削被压迫的对象，就成了伴随西方式现代化的"癣疥之疾"，"西方政治哲学在认识论上将主客体完全分离对立的思维方式，导致西方实质

---

① 《马克思恩格斯文集》第 5 卷，人民出版社 2009 年版，第 871 页。

上处于不断'寻找敌人'"①。这是由资本生产与再生产的全面扩张本性必然带来的文明悖论。

中国式现代化道路，由于坚持人民本位，和平发展不仅成为人民美好生活需要的重要内容，而且是保障人民美好生活需要的重要前提，资本的生产与再生产成为实现和平发展的重要手段和途径，从而不再存在为了扩大资本生产与再生产而争夺世界市场的内在趋势，不再存在为了获得剩余价值而采取包括武力在内的一切手段而导致的全球霸权之争，超越了西方式现代化的丛林法则，规避了所谓的"修昔底德陷阱"。

中国式现代化道路，始终秉持相互尊重、公平正义、合作共赢的原则，尊重彼此主权尊严、领土完整，尊重彼此核心利益和重大关切，尊重各国人民自主选择的政治制度和发展道路的权利，支持国家不分大小、强弱、贫富等一律平等，反对干涉别国内政，维护国际公平正义，各国共同享受尊严、共同享受发展成果、共同享受安全保障。

中国式现代化道路，不以意识形态划界，不搞零和游戏，积极倡导和践行多边主义，维护多边主义和以规则为基础的国际秩序，通过对话协商，以和平方式解决国家之间的分歧和争端，对话不对抗、结伴不结盟，反对动辄诉诸武力或以武力相威胁；积极推动建设新型国际关系，既争取和平的国际环境发展自己，又通过自身发展促进世界和平，探索出了一条依靠和平国际环境和自身发展完成资本积累，逐步实现全面现代化的新道路，打破了西方式现代化"国强必霸"

① 赵汀阳：《天下体系——世界制度哲学导论》，江苏教育出版社2005年版，第24—25页。

的强权逻辑。新时代的中国向世界宣示，中国只会走向大国合作、互通有无、共同发展的世界和平之路，决不会走上强权争霸之途。这无疑赋予了中国式现代化道路一种全新的世界意义。

> 中国特色社会主义现代化道路是一条以和平发展途径谋求现代化的道路，从根本上不同于靠殖民掠夺积累现代化基础和靠强权政治搞发展模式、价值观输出的西方现代化道路。①

显然，中国式现代化道路更加符合人类社会发展的根本利益和整体利益，是一条可资借鉴学习的现代化之路。"从国情出发选择现代化道路，以改革创新推动现代化进程，以协调为坐标处理现代化进程中面临的各种关系，建构有助于现代化的国内外环境，这是中国特色社会主义的成功经验，也是发展中国家走向现代化的中国智慧。尽管发展中国家各有不同的国情，但走向现代化有一些共性的问题需要解决，中国经验、中国智慧可供参考和借鉴。"②

当然，和平发展并不意味着没有战争，而是实现正义与战争的辩证统一，在维护国家主权和人民美好生活需要的同时，正义战争也成为和平与发展的必要形式。邓小平曾说："如果国际上有人把战争强加于我们，我们也不害怕，无非拖延若干年，打完仗再搞建

---

① 《习近平新时代中国特色社会主义思想基本问题》，人民出版社、中共中央党校出版社 2020 年版，第 43 页。
② 陈金龙：《发展中国家走向现代化的中国经验》，《思想理论教育导刊》2017 年第 12 期。

设。"①中国式现代化道路与西方式现代化道路所主张的"丛林法则"完全不同，之所以仍然把坚持走中国特色强军之路作为中国式现代化道路的重要内容，全面推进国防和军队现代化，不在于把军事实力作为推行扩张主义、殖民主义、霸权主义的强大后盾，而仅仅是作为捍卫国家主权、安全、发展利益进而保障全面建设社会主义现代化国家既定目标顺利实现的坚强后盾，以及捍卫世界和平的有生力量。

七、超越全面扩张实现命运与共

在资本本位的主导下，西方式现代化呈现为一种全面扩张的内在趋势。纵观世界历史，自英国工业革命拉开西方式现代化的大幕和历史进程，现代化的浪潮便席卷全球，成为影响世界历史发展的重要力量。西方式现代化凭借科技革命、工业革命、市场经济、资产阶级革命、侵略扩张、殖民掠夺等，在率先实现现代化的同时，运用经济、政治、科技、军事和话语等优势，竭力鼓吹其现代化的"普世性"，一时之间不少发展中国家或主动或被动地选择了西方式现代化道路。然而，实践表明，寄希望于西方式现代化的大多数国家，并没有实现真正意义上的现代化，或发展缓慢或问题重重，危机不断。

西方式现代化的这种全面扩张，不仅仅只是世界市场在空间上

---

① 《邓小平文选》第二卷，人民出版社1994年版，第417页。

的延伸，而且是资本关系的全面占有，将一切事物包括自然环境、思想文化、伦理道德、人文艺术、虚拟产品乃至人自身，都转化为商品进行消费，从而实现资本的生产与再生产。资本的这种全面扩张，虽然客观上为人的自由全面发展创造了生产力前提，却消弭了现代社会的一切主体性，资本的主体性取代了所有事物的主体性，成为西方式现代化中的"上帝"。同时，西方的主客二分思维，还使得对自然的全面占有也成为索取自然资源和所谓的人类胜利的正当性基础。

中国式现代化道路，则在共建共治共享的发展逻辑中彰显了不同主体的独立性与平等性，建构了一种命运与共的现代化发展新道路，为世界现代化特别是发展中国家走上现代化拓展了新思路和新方案，有力打破了对西方式现代化的路径依赖。

首先，共建共治共享的发展逻辑体现了人与人之间真实意义上的平等关系。人的本质是社会关系的总和，意味着每一个现实的人都内含着与他人的关系，是一种主体间的平等。这种平等的主体间性，构成了不同个人在社会实践中你中有我、我中有你的"真实共同体"，是一种命运与共的关系。人与人之间这种关系的延伸是人与社会的关系，人人平等和人民本位必然要求社会和谐、安定有序，将个体与整体、个人与社会有机整合，有效地协调个人与集体、社会和国家的多重关系，形成共建共治共享的社会发展状态，从而有效地调节人本和物本之间的相互剥离和相互排斥现象，抛弃见物不见人或见人不见物的相互分离的价值定位，将发展重心从资本、物本、官本、权本等扭曲状态回归到"人本"的定位上来，摆脱各种错误的"本位"价值观对人的异化，形成以人的自由全面发展为根本目的的现代化发展模式，形成命运与共的新型社会关系。

其次，共建共治共享的发展逻辑必然要求生成一种人类命运共同体。共建共治共享的发展逻辑和命运与共的新型社会关系，延伸到国家与国家之间，就是人类命运攸关与命运与共，这是个体之间命运与共的社会关系在国与国层面的必然折射，是个体命运与人类命运的整体性表达或"类"表达。

> 人类命运共同体，顾名思义，就是每个民族、每个国家的前途命运都紧紧联系在一起，应该风雨同舟，荣辱与共，努力把我们生于斯、长于斯的这个星球建成一个和睦的大家庭，把世界各国人民对美好生活的向往变成现实。[1]

这一论述，深刻表达了中国式现代化道路的人类关怀和世界情怀。"中国人民深知，中国发展得益于国际社会，愿意以自己的发展为国际发展作出贡献。中国对外开放，不是要一家唱独角戏，而是要欢迎各方共同参与；不是要谋求势力范围，而是要支持各国共同发展；不是要营造自己的后花园，而是要建设各国共享的百花园。"[2]

最后，共建共治共享的发展逻辑必然要求人与自然的和谐共生。在人与自然的关系上，命运与共的新型社会关系也为人与自然的和谐共生提供了思想基础和理论支撑，"环境就是民生"成为环

① 《习近平谈治国理政》第三卷，外文出版社 2020 年版，第 433 页。
② 《习近平谈治国理政》第二卷，外文出版社 2017 年版，第 42 页。

境与人民之间共生关系的重要内容，自然生态也成为人的主体性内容，打造优美环境、满足人民对优美环境的需求，自然而然也就成为衡量现代化的生态标准。在满足人民美好生活需要的过程中，中国式现代化道路坚持人与自然的和谐相生，实现自然生态的可持续发展，将保护生态环境和促进经济增长有机结合起来，创建绿色发展模式，形成节约资源和保护环境的空间格局、产业结构、生产方式和生活方式。

八、超越唯我独霸实现合作共赢

现代化理论之所以成为显学和为世界所关注，实际上与第二次世界大战结束后形成的资本主义和社会主义"两大阵营"密切相关。以美国为首的西方资本主义阵营，为了避免独立后的第三世界国家接受以苏联为首的社会主义阵营的理论宣传，试图用现代化理论对抗社会主义、共产主义理论话语的吸引力。也就是说，在一定意义上，现代化理论从一开始就充满着意识形态的色彩，是资本主义和社会主义"两大阵营"之间进行的一场话语对抗。

现代化理论首先表现出的是一种"以西方为中心"和"西方中心主义"的现实需求，以经验归纳方式将西方式现代化的现象、表征、特点作为现代化的唯一判断标准，凸显资本主义经济模式、政治制度、文化建构和生活方式的唯一性、普世性乃至终极性，呈现为一种以西方为中心的"唯我独霸"的现代化理论态势。

同时，在资本本位的主导下，西方式现代化越来越依赖科学技术的力量，越来越提高生产资料在生产中的比重。为了资本生产与再生产，为了提高生产效率，从而更多更快地获得相对剩余价值，科技创新也呈现为一种不为人类所共有共享而具有排他性的"唯我独霸"的发展态势。

总之，现代化理论借助经济霸权、科技霸权、军事霸权和文化霸权，形成强势的西方话语霸权，所谓"历史终结论"、"普世价值论"等即是证明。

中国式现代化道路，则在坚持独立自主原则的前提下，唱响了"合作共赢"的现代化发展主旋律，成为打破西方式现代化"唯我独霸"话语情境的新型现代化话语。改革开放以来，中国始终高举和平、发展、合作、共赢的旗帜，坚定不移地在和平共处五项原则基础上发展与世界各国的友好合作，坚持互利共赢的开放战略和正确的义利观，做到义利兼顾，讲信义、重情义、扬正义、树道义，把"合作共赢"理念体现到经济、政治、安全、文化、生态等对外合作的方方面面；坚持与世界共享机遇、共谋发展，推动各国同心协力，妥善应对全球面临的各种问题和挑战，共同变压力为动力、化危机为生机，谋求合作安全、集体安全、共同安全，以合作取代对抗，以共赢取代独霸。

中国提出实现中华民族伟大复兴的中国梦，既是中华民族谋复兴的梦想，也是与世界紧密联系的梦想，是和平发展、合作共赢的梦想。中国积极参与全球治理体系建设，旨在同世界各国人民一道，努力为完善全球治理贡献中国智慧和中国方案，推动国际秩序和全球治理体系朝着更加公正合理的方向发展。"坚持实施更大范围、更宽领域、更深层次对外开放，依托我国超大规模市场优势，促进国际合作，实现互利共赢"①。

中国提出共建"一带一路"倡议，更是参与全球开放合作、改善全球经济治理体系、促进世界共同发展繁荣的中国方案，集中、充分体现了"合作共赢"这一价值理念。这一倡议，根植中国历史，面向世界未来，顺应了世界各国加快发展的愿望与和平发展的时代主题。古丝绸之路延续千年，绵亘万里，积淀了以和平合作、开放包容、互学互鉴、互利共赢为核心的"丝绸之路"精神，"一带一路"倡议就是继承弘扬这种"丝绸之路"精神的创举。共建"一带一路"，秉持和遵循共商共建共享的原则，积极发展与沿线国家的经济合作伙伴关系，努力实现政策沟通、设施联通、贸易畅通、资金融通、民心相通，释放各国发展潜力，实现经济大融合、发展大联动、成果大共享，共同打造政治互信、经济融合、文化包容的利益共同体、命运共同体和责任共同体，把中国的发展与沿线国家和世界其他国家发展结合起来，在追求本国利益的同时兼顾他国合理利益关切，在谋求本国发展中促进各国共同发展，赋予古丝绸之路以一种全新的时代内涵，以真实的实践平台推进合作共赢。

历史将证明，中国式现代化道路给世界带来的是机遇而不是威胁，是和平而不是动荡，是进步而不是倒退。中国将日益成为举世公认的世界和平的建设者、全球发展的贡献者、国际秩序的维护者。

---

① 《中华人民共和国国民经济和社会发展第十四个五年规划和 2035 年远景目标纲要》，《人民日报》2021 年 3 月 13 日。

第五章
中国式现代化道路的
2035 年远景目标

通过不断实现不同发展阶段的发展战略目标，不断推进现代化的历史进程，是中国式现代化道路的重要特征和表现形态。在中国共产党十九大作出的战略安排基础上，通过进一步科学把握中国发展的现实条件与未来发展的可能性，中国共产党十九届五中全会更加明确地提出了到 2035 年基本实现社会主义现代化的远景目标。这一远景目标表述更加细致具体，主要包括九个方面的任务要求和重大举措，统筹兼顾了硬实力和软实力建设，涉及政治、经济、文化、民生、生态等各方面，既高远务实又积极稳妥，与中国共产党十九大作出的战略安排相互衔接、一脉相承、内在统一，为新时代中国式现代化发展提供了更加明确的指向标、清晰的航程表，具有价值引领性、目标导向性和现实操作性。

一、综合国力将大幅跃升

中国共产党十九大明确提出，到 2035 年基本实现社会主义现代化，届时"我国经济实力、科技实力将大幅跃升，跻身创新型国家前列"①。《中华人民共和国国民经济和社会发展第十四个五年规划和 2035 年远景目标纲要》将这一远景目标进一步细化为："经济实力、科技实力、综合国力将大幅跃升，经济总量和城乡居民人均收入将再迈上新的大台阶，关键核心技术实现重大突破，进入创新型国家前列"②，增加了综合国力、经济总量和人均收入、关键核心技术等重要内容和具体指标，目标蓝图更加明确。

（一）经济总量或人均收入翻一番

经济总量、人均收入，尤其是综合国力，是判断一个国家是否基本实现现代化的重要依据和基本指标，既能通过定性的方式认识现代化的根本性质，也必然反映在一系列的定量目标上。经济实力、人均收入和综合国力的提升，意味着中国经济社会发展的全方位、高质量提升。习近平在《关于〈中共中央关于制定国民经济和社会发展第十四个五年规划和二〇三五年远景目标的建议〉的说明》中说："从经济发展能力和条件看，我国经济有希望、有潜力保持

---

① 《习近平谈治国理政》第三卷，外文出版社 2020 年版，第 22 页。
② 《中华人民共和国国民经济和社会发展第十四个五年规划和 2035 年远景目标纲要》，《人民日报》2021 年 3 月 13 日。

长期平稳发展"，"明确提出到 2035 年实现经济总量或人均收入翻一番目标"。①

对经济实力、人均收入和综合国力提出目标任务要求和定量指标，既是对到 2035 年基本实现社会主义现代化远景目标的具体细化，也为衡量中国基本实现社会主义现代化水平、评估经济社会发展成果提供了基本依据和评判标准。在 2020 年中国全面建成小康社会基础上"翻一番"目标的提出，是经过长期调研和科学测算的结果。有学者在研究中又对这一远景目标作了进一步细化，如认为以国内生产总值为引领，带动人均国内生产总值、全员劳动生产率、居民人均收入、居民人均消费支出，按不变价格到 2035 年比 2020 年翻一番。②

当然，基本实现社会主义现代化的远景目标不是由几个数据指标决定的，应当在此基础上更加注重经济结构优化、发展质量提升、科技创新活跃、人民生活幸福等，把基本实现社会主义现代化的衡量标准和重点放在发展质量、社会活力、生活质量和人的现代化素质上。

（二）基本建成科技强国

科技创新和关键核心技术实现重大突破，在现代化国家的建设和发展中越来越占据核心地位。一个国家或地区是否进入创新型

---

① 习近平：《关于〈中共中央关于制定国民经济和社会发展第十四个五年规划和二〇三五年远景目标的建议〉的说明》，《人民日报》2020 年 11 月 4 日。

② 胡鞍钢等：《"十四五"大战略与 2035 远景》，东方出版社 2020 年版。

国家前列，是评价和判断一个国家或地区基本实现现代化的关键指标。建设创新型国家，既是推动经济社会发展在新常态下顺利跨越转变发展方式、优化经济结构、转换增长动力关口的必然要求和战略举措，也是全面建设社会主义现代化强国的重要动力、重要内容和战略支撑。

从目前科技创新的各项指标看，中国已经基本迈入创新型国家行列，到2035年还要更进一步基本建成社会主义现代化科技强国，科技实力和创新能力走在创新型国家前列。到2035年，国家战略科技力量将更加强化，基础研究实力显著增强，人工智能、量子信息、集成电路等前沿领域涌现出一大批标志性、前瞻性成果；企业技术创新能力显著提升，产学研更加深度融合，各类创新要素更加向企业集聚；造就一大批国际一流科技领军人才和创新团队，培养出更多具备科技创新能力和精湛劳动技能的现代化人才；完善科技创新体制机制，完善国家科技治理体系，弘扬科学精神和工匠精神，促进全球科技开放合作；研发投入占国内生产总值比重进一步提升，科技进步贡献率显著提高，专利申请和拥有量显著增加，产生一批世界级创新企业和高水平科研院所；建成航天强国、网络强国、数字中国，真正实现科技自立自强，关键领域和核心技术被"卡脖子"的情况根本扭转。

（三）发展格局更加合理

构建新发展格局，是与时俱进提升中国经济社会发展水平的战略抉择，也是塑造中国国际经济合作和竞争新优势的战略抉择。当今世界正经历百年未有之大变局，中国经济正处于转型换挡期，中国式现代化道路将把发展立足点放在国内，更多依靠国内市场实现经济发展。

到 2035 年基本实现社会主义现代化，将进一步构建起以国内大循环为主体、国内国际双循环相互促进的新发展格局，谋取更广阔的发展空间和更强劲的发展动力。立足国内大循环，发挥比较优势，协同推进强大国内市场和贸易强国建设，更好地利用国内国际两个市场两种资源，促进国内国际双循环。全面促进消费，消费对经济发展的基础性作用显著增强，鼓励消费新模式新业态发展，健全现代流通体系，发展服务消费，扩大节假日消费，改善消费环境。拓展投资空间，优化投资结构，补齐基础设施领域短板，推进新型基础设施建设，推进一批重大工程，一批强基础、增功能、利长远的重大项目建设。

二、基本实现新型工业化信息化城镇化农业现代化

新时代中国式现代化发展的基本特征，就是由高速增长阶段转向高质量发展阶段。"高质量发展就是体现新发展理念的发展，是经济发展从'有没有'转向'好不好'。"[1]《中华人民共和国国民经济和社会发展第十四个五年规划和 2035 年远景目标纲要》明确提出，到 2035 年要"基本实现新型工业化、信息化、城镇化、农业现代化，

---

[1]　《习近平在湖北考察时强调　坚持新发展理念打好"三大攻坚战"　奋力谱写新时代湖北发展新篇章》，《人民日报》2018 年 4 月 29 日。

建成现代化经济体系"①的远景目标。基本实现社会主义现代化，必须坚持创新、协调、绿色、开放、共享的新发展理念，不断破解发展难题、厚植发展优势，推进新型工业化、信息化、城镇化、农业现代化，建成现代化经济体系，实现经济社会的高质量发展。

（一）推进新型工业化信息化城镇化农业现代化

现代化发展的重要动力是经济增长和结构变革，也就是工业化。因此，实现工业化，是一个国家经济发展和经济现代化的必由之路。然而，由中国的基本国情和社会主义性质所决定，中国的社会主义工业化道路必然与西方资本主义工业化不同，必须走出一条中国特色的新型工业化道路，推进新型工业化、信息化、城镇化和农业现代化的协调统一和深度融合，实现新型工业化、信息化、城镇化、农业现代化同步发展。

推进新型工业化、信息化、城镇化、农业现代化，体现为从高速度工业化向高质量工业化转变，有效提高实体经济的供给质量，以供给侧结构性改革为主线，加快建设实体经济、科技创新、现代金融、人力资源协同发展的产业体系，推进以制造业为主体的实体经济转型升级；通过实施"中国制造2025"等战略举措，推动互联网、大数据、人工智能和实体经济深度融合；通过实施乡村振兴战略，促进一二三产业融合发展，加大新型工业化对农业现代化的支撑力度；处理好新型工业化与城镇化的关系，在城镇化进程中，充

---

① 《中华人民共和国国民经济和社会发展第十四个五年规划和2035年远景目标纲要》，《人民日报》2021年3月13日。

分发挥对实体经济转型升级的需求引导作用；基本实现高质量工业化与信息化的深度融合、促进农业现代化水平不断提升、与城镇化协调发展。

（二）建成现代化经济体系

现代化经济体系，是现代化国家的基石。改革开放 40 多年来，无论是中国自身的现代化进程还是国际经济环境，都要求中国式现代化必须转变经济发展方式，建立健全工业化的创新驱动机制，实现工业化动力从投资驱动向创新驱动转变，促进产业高端化，进而形成创新驱动的现代化经济体系。

到 2035 年基本实现社会主义现代化，必须大力推进新型工业化、信息化，不断优化产业体系，基本建成现代化经济体系。提升产业链供应链的现代化水平，保持制造业比重基本稳定，巩固壮大实体经济根基。产业比重更加合理，一批老工业基地实现转型发展，形成一批世界级先进制造业集群。战略性新兴产业获得长足发展，在新一代信息技术、生物技术、航空航天、海洋装备等产业抢占高地。构建形成系统完备、高效实用、智能绿色、安全可靠的现代化基础设施体系，基本建成交通强国，能源结构更加优化，水资源优化配置和水旱灾害防御能力更加提升。发展数字经济，形成具有国际竞争力的数字产业集群等。

（三）建成高水平社会主义市场经济体制

坚持和完善社会主义基本经济制度，充分发挥市场在资源配置中的决定性作用，实现有效市场和有为政府的更好结合，是社会主义现代化经济体系的重要特征。

到 2035 年基本实现社会主义现代化的远景目标，将更加激发各类市场主体活力，毫不动摇巩固和发展公有制经济，毫不动摇鼓励、支持、引导非公有制经济发展；国有企业的战略性支撑作用更加凸显，完善中国特色现代企业制度，推进能源、铁路、电信、公用事业等行业竞争性环节市场化改革，民营经济发展环境更加优化；健全宏观经济治理体系，完善宏观经济政策制定和执行机制，中国特色社会主义现代财税金融体制更加优化，完善现代税收制度，构建金融有效支持实体经济的体制机制，推进金融双向开放，现代金融监管体系更加完善；健全市场体系基础制度，健全产权执法司法保护制度，建设更高标准的市场体系。

三、基本实现国家治理体系和治理能力现代化

实现国家治理体系和治理能力现代化，不仅是完善和发展中国特色社会主义制度的必然要求，也是全面建设社会主义现代化的有机组成部分、重要标志和重要保障。早在改革开放之初，邓小平就明确提出："没有民主就没有社会主义，就没有社会主义的现代

化。"① 社会主义民主是真正的人民当家作主，到 2035 年基本实现国家治理体系和治理能力现代化，必须坚持党的领导、人民当家作主、依法治国有机统一，到那时人民平等参与、平等发展权利得到充分保障，法治国家、法治政府、法治社会基本建成，各方面制度更加完善，现代社会治理格局基本形成。

（一）中国共产党的领导地位和执政水平更加提升

"事在四方，要在中央。"办好中国的事情，关键在党。中国共产党是中国特色社会主义事业的领导核心，到 2035 年基本实现社会主义现代化，一项重要目标任务就是坚持和完善中国共产党的全面领导，中国共产党的领导地位和执政水平更加提升。

中国共产党的领导地位和执政水平更加提升，将进一步要求确保全党遵守党章，恪守中国共产党的性质和宗旨，建立不忘初心、牢记使命的制度，把不忘初心、牢记使命作为加强中国共产党的建设的永恒课题和全体党员、干部的终身课题。完善坚定维护党中央权威和集中统一领导，健全中国共产党的全面领导制度，使中国共产党的集中统一和全面领导更加畅通有效。健全为人民执政、靠人民执政的各项制度，健全提高中国共产党的执政能力和领导水平制度，完善全面从严治党制度，切实提高全党科学执政、民主执政、依法执政的能力和水平。

---

① 《邓小平文选》第二卷，人民出版社 1994 年版，第 168 页。

（二）中国特色社会主义政治优势更加彰显

人民当家作主是社会主义政治制度的本质要求和根本特征。到2035年基本实现社会主义现代化，在政治上人民平等参与、平等发展权利得到更加充分保障。进一步完善人民代表大会制度，加强人大对"一府一委两院"的监督，保障人民依法通过各种途径和形式管理国家事务、管理经济文化事业、管理社会事务。进一步完善中国共产党领导的多党合作和政治协商制度，加强人民政协专门协商机构建设，推动政协协商向基层延伸，让社会主义协商民主更好发挥建言资政和凝聚共识作用。进一步完善民族区域自治制度，中华民族共同体意识显著增强，促进各民族共同团结奋斗、共同繁荣发展。进一步健全基层群众自治制度，增强群众自我管理、自我服务、自我教育、自我监督实效。进一步充分发挥工会、共青团、妇联等人民团体作用，把各自联系的群众紧紧凝聚在中国共产党的周围。进一步巩固和发展最广泛的爱国统一战线，在政党关系、民族关系、宗教关系、阶层关系、海内外同胞关系方面，巩固和发展大团结大联合局面。

（三）基本建成法治国家法治政府法治社会

法治是国家治理现代化的基本方式和重要标志。到2035年基本实现社会主义现代化，意味着良法善治将基本成为中国国家治理的价值标准，法治国家、法治政府、法治社会一体建设统筹推进，中国特色社会主义法治体系更加完善，宪法全面实施的体制机制和立法体制机制更加健全，社会公平正义法治保障制度和对法律实施的监督制度更加完善。

在中国特色社会主义法律体系已经形成的基础上，重点领域、新兴领域、涉外领域立法进一步完善，基本形成完备的法律规范体系、高效的法治实施体系、严密的法治监督体系、有力的法治保障体系，基本形成完善的党内法规体系。形成更加完善的国家行政体系，建成职责明确、依法行政的政府治理体系，国家行政体制、政府职责体系、政府组织结构更加完善。公正、秩序、人权、平等、效率等价值理念成为贯彻国家治理的价值观，形成更加公平正义的社会环境，社会主义现代化建设的发展成果将更加公平地惠及全体人民。人的权利、机会，面对的法律、制度、权力，都将更加公平与平等，从而更加有尊严地享受美好生活。

（四）各方面制度更加完善

国家治理体系和治理能力现代化，是衡量一个国家现代化水平的重要标志，集中体现为国家制度体系和制度执行能力的现代化水平。中国共产党十九届四中全会明确提出，到 2035 年要让各方面制度更加完善、基本实现国家治理体系和治理能力现代化，并具体谋划了 13 个方面的制度目标。具体包括：

坚持和完善中国共产党的领导制度体系，提高党科学执政、民主执政、依法执政水平。

坚持和完善人民当家作主制度体系，发展社会主义民主政治。

坚持和完善中国特色社会主义法治体系，提高党依法治国、依法执政能力。

坚持和完善中国特色社会主义行政体制，构建职责明确、依法行政的政府治理体系。

坚持和完善社会主义基本经济制度，推动经济高质量发展。

坚持和完善繁荣发展社会主义先进文化的制度，巩固全体人民团结奋斗的共同思想基础。

坚持和完善统筹城乡的民生保障制度，满足人民日益增长的美好生活需要。

坚持和完善共建共治共享的社会治理制度，保持社会稳定、维护国家安全。

坚持和完善生态文明制度体系，促进人与自然和谐共生。

坚持和完善党对人民军队的绝对领导制度，确保人民军队忠实履行新时代使命任务。

坚持和完善"一国两制"制度体系，推进祖国和平统一。

坚持和完善独立自主的和平外交政策，推动构建人类命运共同体。

坚持和完善党和国家监督体系，强化对权力运行的制约和监督。

四、国家文化软实力显著增强

所谓现代化强国，既是硬实力强国，也是软实力强国。到2035年基本实现社会主义现代化，中国式现代化既要实现硬实力迈上新台阶，也要实现软实力的新提升。

中国共产党十九大明确提出到 2035 年基本实现现代化在文化方面的发展战略目标是"社会文明程度达到新的高度，国家文化软实力显著增强，中华文化影响更加广泛深入"①。《中华人民共和国国民经济和社会发展第十四个五年规划和 2035 年远景目标纲要》进一步细化为："建成文化强国、教育强国、人才强国、体育强国、健康中国，国民素质和社会文明程度达到新高度，国家文化软实力显著增强。"②"文化强国、教育强国、人才强国、体育强国、健康中国"等远景目标的提出，进一步明确了文化软实力建设的方向、内容和重点。

（一）社会文明程度更加提升

新时代提出新要求。到 2035 年基本实现社会主义现代化，在文化建设上需要形成适应新时代的思想观念、价值理念、道德规范、精神面貌和文明风尚。中国共产党的思想理论教育和马克思主义理论研究与建设工程稳步推进，马克思主义中国化理论成果更加丰硕，意识形态阵地更加巩固。社会主义核心价值观培育基本形成，践行体系实现系统化建设，并基本融入社会主义法治建设、融入社会发展各个方面，成为人们的价值追求、生活习惯与情感认同。公民道德建设更加深入，文明创建工程全面实施，新时代文明

---

① 《习近平谈治国理政》第三卷，外文出版社 2020 年版，第 22 页。
② 《中华人民共和国国民经济和社会发展第十四个五年规划和 2035 年远景目标纲要》，《人民日报》2021 年 3 月 13 日。

实践中心建设取得新进展。新时代志愿服务体系基本全面建成，志愿服务精神深入人心，志愿服务关爱行动成为人们的日常选择。诚信建设取得新进展，诚信文化深入人心，社会信用体系基本建成。劳动教育全面开展，勤俭节约、艰苦奋斗氛围普遍形成。家庭、家教、家风建设取得新成效。社会主义现代化网络文明建设取得新进展，积极健康的网络文化普遍形成。

（二）公共文化服务更加丰富

到 2035 年，哲学社会科学、新闻出版、广播影视、文学艺术等各项文化事业繁荣发展，反映时代新气象、讴歌人民新创造的文艺精品不断推出。媒体融合获得深度发展，全媒体传播工程全面展开，新型主流媒体获得新发展，县级融媒体中心不断做大做强。城乡公共文化服务体系一体建设基本建成，基本形成社会主义现代化文化惠民工程，群众性文化活动常态化开展，公共文化数字化建设发展进入新阶段，基本符合社会主义现代化文化发展需求。国家重大文化设施和文化项目建设不断做大做强，中华优秀传统文化得到广泛弘扬和良好传承，文物古籍保护、研究、利用得到进一步加强，基本形成重要文化和自然遗产、非物质文化遗产系统性保护制度，各民族优秀传统手工艺保护和传承得到进一步强化。全社会形成全民健身运动氛围，各项体育活动得到全面发展，建成体育强国。

（三）文化产业发展更有活力

到 2035 年，文化市场体系建设得到进一步加强，优质文化产品供给不断扩大，文化产业占国内生产总值比重从现在的 4%—5% 上升到 18%—25%。文化产业数字化战略得到全面贯彻落实，基本掌握文化产业数字化的领导权。新型文化企业、文化业态、文化消费模式得到进一步发展。文化产业园区进一步规范发展，区域文化产业带建设得到有序推进。文化和旅游基本实现深度融合发展，一批富有文化底蕴的世界级旅游景区和度假区，以及一批文化特色鲜明的国家级旅游休闲城市和街区基本建成。中国文化的国际传播得到进一步发展，对外文化交流和多层次文明对话有序推进。

（四）建成教育强国和人才强国

全面建设社会主义现代化强国，教育的基础性、先导性、全局性地位和作用更加凸显。加快向创新型国家迈进，建设现代化经济体系，建设富强民主文明和谐美丽的社会主义现代化强国，实现中华民族伟大复兴的中国梦，满足人民美好生活的需要，要求必须加快教育现代化，把中国建设成为教育强国，以教育现代化支撑国家现代化。

2019 年初，中共中央、国务院发布了《中国教育现代化 2035》，确定了到 2035 年中国教育现代化的总体目标，就是在全面建成小康社会的基础上，再经过 15 年努力，到 2035 年总体实现教育现代化，迈入教育强国行列，推动中国成为学习大国、人力资源强国和人才强国，为到本世纪中叶建成富强民主文明和谐美丽的社会主义现代化强国奠定坚实基础。

《中国教育现代化 2035》对到 2035 年实现教育现代化的进程作出了全面规划和系统部署。到 2035 年总体实现教育现代化，将全面贯彻中国共产党的教育方针，坚持立德树人，加强师德师风建设，培养德智体美劳全面发展的社会主义建设者和接班人。建成服务全民终身学习的现代教育体系、普及有质量的学前教育、实现优质均衡的义务教育、全面普及高中阶段教育、职业教育服务能力显著提升、高等教育竞争力明显提升、残疾儿童少年享有适合的教育、形成全社会共同参与的教育治理新格局。

（五）建成健康中国

卫生健康关乎人民切身利益。新时代中国式现代化建设将把人民健康放在优先发展的战略地位，国民健康政策将进一步完善，人民群众将获得全方位全周期的健康服务，基本实现健康中国战略。医药卫生体制改革进一步深化，中国特色基本医疗卫生制度、医疗保障制度和优质高效的医疗卫生服务体系全面建立，现代医院管理制度不断健全。基层医疗卫生服务体系和全科医生队伍建设不断强化，形成中西医并重发展的局面，健康产业快速发展。以药养医制度彻底取消，药品供应保障制度进一步健全。基本实现食品安全战略，严厉打击食品造假行为，人民对国产食品信心基本恢复。基本建成养老、孝老、敬老的政策体系和社会环境，完善生育政策和相关经济社会政策配套衔接，加快医养结合，实现老龄事业和产业快速发展。

五、基本实现美丽中国建设目标

环境保护和生态平衡，是 20 世纪以来人类对现代化新认识的重要成果，是社会经济发展的资源环境基础，是保证经济长期稳定增长和实现可持续发展的重要前提，包括对森林、耕地、空气、水、土地、食品安全的保护措施，对资源、废物的节制使用与回收利用等，关系着国家安全、国际形象和人民群众的生活质量和美好生活水平。中国共产党十九大把"美丽中国"作为社会主义现代化建设的发展战略目标，将"美丽"与"富强民主文明和谐"一道并列作为 2050 年全面建成社会主义现代化强国的重要标志，集中体现了生态文明建设的重要地位。在中国共产党十九大提出的发展战略目标基础上，《中华人民共和国国民经济和社会发展第十四个五年规划和 2035 年远景目标纲要》提出的远景目标，增加了"广泛形成绿色生产生活方式，碳排放达峰后稳中有降"[①]的具体指标，反映出新时代推动经济社会发展全面绿色转型的重大任务，体现出中国式现代化道路是人与自然和谐共生的现代化。

（一）绿色低碳生产生活方式广泛形成

绿水青山就是金山银山。绿色是大自然的颜色，也是美好生活的底色。

---

① 《中华人民共和国国民经济和社会发展第十四个五年规划和 2035 年远景目标纲要》，《人民日报》2021 年 3 月 13 日。

到 2035 年基本实现社会主义现代化，将大力推动中国经济社会发展的全面绿色转型，形成适应新时代的生产生活方式。国土空间和用途管控进一步加强，生态保护、基本农田、城镇开发等空间管控边界彻底落实，人类活动对自然空间的占用合理减少。基本全面建成绿色发展的法律和政策保障体系，绿色金融得到大力发展，绿色技术不断创新，清洁生产得到有序推进，环保产业全面发展，重点行业和重要领域基本实现绿色化改造。能源清洁低碳安全高效利用在各领域不断推进。各地绿色建筑有序开展。绿色生活创建活动全面铺开。在 2030 年前碳排放达峰行动方案基础上，实现碳排放强度不断降低，有条件的地方在率先达到碳排放峰值后实现稳中有降，其他地方依照科学规划方案协同推进。基本健全绿色低碳循环发展的经济体系。社会基本形成简约适度、绿色低碳的生活方式，并形成反对奢侈浪费和不合理消费的生活理念，创建节约型机关、绿色家庭、绿色学校、绿色社区和绿色出行等活动。

（二）生态环境根本好转

到 2035 年，全社会生态环保意识得到普遍增强，污染防治攻坚战取得重大成效，形成常态化的污染防治行动，建成地上地下、陆海统筹的生态环境治理制度。多污染物协同控制和区域协同治理进一步强化，细颗粒物和臭氧协同控制取得成效，基本消除重污染天气。城乡生活环境将得到有效治理，城镇污水管网实现全覆盖，基本消除城市黑臭水体，城乡环境做到干净、卫生、整洁。化肥农药减量化和土壤污染治理进一步推进，白色污染治理取得成效。危险废物医疗废物收集处理进一步加强。全面完成重点地区危险化学品生产企业搬迁改造。新污染物治理得到有效控制。排污许可制得到全面贯彻，基本建成排污权、用能权、用水权、碳排放权的市场化改革。污染排放标准进一步提高，达到世界领先水平，不断强化排污者责任。环境保护、节能减排约束性指标管理得到进一步完善。中央生态环境保护督察制度全面贯彻落实。基本建成政府为主导、企业为主体、社会组织和公众共同参与的环境治理体系。在应对气候变化等生态环保国际合作中起到引领作用。

（三）提升生态系统质量和稳定性

到 2035 年，山水林田湖草系统治理得到全面贯彻，基本建成以国家公园为主体的自然保护地体系。生物多样性保护重大工程获得全面实施。外来物种得到有效管控。基本全面落实河湖长制，大江大河和重要湖泊湿地生态保护治理得到进一步强化，长江禁渔期得到科学规划和有序实施。荒漠化、石漠化、水土流失得到科学系统的综合治理，大规模国土绿化行动得到有序推进，林长制得到全面贯彻落实。草原森林河流湖泊落实常态化、制度化的休养生息，黑土地资源得到有效保护，耕地休耕轮作制度得到全面完善。基本落实全球气候变暖对中国承受力脆弱地区影响的常态化、制度化观测，自然保护地、生态保护红线监管制度进一步完善，生态系统保护成效监测评估得到有序开展。

（四）促进人与自然和谐共生

到 2035 年，自然资源资产产权制度和法律法规得到健全，自然资源调查评价监测和确权登记进一步加强，基本建成生态产品价值实现机制，市场化、多元化生态补偿得到全面完成，资源总量管理、科学配置、全面节约、循环利用得到有序推进。国家节水行动实现常态化、制度化，基本建成水资源刚性约束制度。海洋资源、矿产资源开发保护水平得到进一步提高。资源价格形成机制全面建成。垃圾分类和减量化、资源化有序推进。废旧物资循环利用体系基本建成。

六、参与国际经济合作和竞争新优势明显增强

当今世界正经历百年未有之大变局，经济全球化作为人类历史的发展大势是不可逆转的时代潮流。中国的发展离不开世界，世界的繁荣也需要中国。全面提高对外开放水平，是顺应中国经济高质量发展和深度融入世界经济的必然趋势。中国共产党十九大明确提出要推动构建人类命运共同体，对中国新时代对外开放、对外交往提出了新要求，成为中国到 2035 年基本实现社会主义现代化的题中之义和重要内容。《中华人民共和国国民经济和社会发展第十四个五年规划和 2035 年远景目标纲要》提出"形成对外开放新格局，参与国际经济合作和竞争新优势明显增强"①的远景目标，为中国

---

① 《中华人民共和国国民经济和社会发展第十四个五年规划和 2035 年远景目标纲要》，《人民日报》2021 年 3 月 13 日。

新时代的对外开放作出了目标任务和战略部署，丰富了中国式现代化道路的内容。

（一）基本实现更高水平的开放型经济新体制

开放带来进步，封闭导致落后。中国开放的大门不会关闭，只会越开越大。坚持对外开放的基本国策，坚持以开放促改革、促发展、促创新，持续推进更高水平的对外开放，是中国全面建设社会主义现代化的重要内涵，更是全面建设社会主义现代化的重要途径。

到 2035 年基本实现社会主义现代化，中国对外开放水平得到全面提高，贸易和投资自由化便利化不断深入发展，贸易不断得到创新发展，对外贸易综合竞争力进一步加强。外商投资准入前国民待遇加负面清单管理制度进一步完善，服务业进一步扩大对外开放，全面贯彻落实依法保护外资企业合法权益，基本全面建成促进和保障境外投资的法律、政策和服务体系，有效维护中国企业海外合法权益，全面实现高质量引进来和高水平走出去。自由贸易试验区布局得到进一步完善，拥有更大改革自主权，海南自由贸易港基本建成对外开放新高地。人民币国际化水平极大提高，基本建成以人民币自由使用为基础的新型互利合作关系。中国国际进口博览会等重要展会平台成为国际性的重要活动。

（二）深入践行人类命运共同体理念

历史将证明，中国全面建设社会主义现代化强国，给世界带来的是机遇而不是威胁，是和平而不是动荡，是进步而不是倒退。中国的对外开放新格局，将始终坚持走共同发展道路，继续奉行互利共赢的开放战略，将自身发展经验和机遇同世界各国分享，实现共同发展。

到 2035 年基本实现社会主义现代化，中国将致力于践行人类命运共同体理念、共建实现共享共赢的人类命运共同体；将始终坚持共商共建共享原则，秉持绿色、开放、廉洁理念，深化务实合作，加强安全保障，促进共同发展。基本实现基础设施互联互通，第三方市场合作有序推进。基本建成互利共赢的产业链供应链合作体系，国际产能合作不断深化，双向贸易和投资的范围不断扩大，金额不断增加。基本建成以企业为主体，以市场为导向，遵循国际惯例和债务可持续原则的多元化投融资体系。战略、规划、机制对接得到有序推进，政策、规则、标准联通进一步加强。公共卫生、数字经济、绿色发展、科技教育领域的合作不断深化，形成密切繁荣的人文交流景象。

（三）更加走近世界舞台中央

到 2035 年基本实现社会主义现代化，正与应对全球性挑战和改善全球治理体制的历史进程相交汇，中国将大有可为并且应拥有作为一个负责任大国的担当，作出应有的中国贡献。随着国际地位和国际影响力的显著提升，中国应成为全球治理的积极参与者和引领者。

到 2035 年基本实现社会主义现代化，中国将坚持平等协商、互利共赢的原则，有力推动二十国集团等发挥国际经济合作功能。中国将成为维护多边贸易体制，积极参与世界贸易组织改革，推动完善更加公正合理的全球经济治理体系的中坚力量。中国将积极参与和落实多双边区域投资贸易合作机制，基本完成新兴领域经济治理规则制定，极大提高参与国际金融治理能力。中国还将全面贯彻实施自由贸易区提升战略，基本建成面向全球的高标准自由贸易区网络。

由于中国的经济总量、综合国力以及中国参与国际治理体制能力的提升，国际社会对中国在全球治理体制中的贡献也会有更多期待，希望中国在全球治理体制中发挥更大作用。中国将为国际社会的发展和全球事务治理贡献更多中国力量、中国智慧，进而更加走近世界舞台中央，成为世界和平的建设者、全球发展的贡献者、国际秩序的维护者。

七、人均国内生产总值达到中等发达国家水平

实现好维护好发展好最广大人民根本利益，是中国式现代化道路的根本出发点和落脚点。到 2035 年基本实现社会主义现代化，归根到底是实现人民生活水平的现代化，实现发展成果由人民共享的现代化。20 世纪 80 年代，中国共产党曾提出"三步走"的发展战略，其中第三步发展战略目标正是人均国内生产总值达到中等发达国家水平。在中国共产党十九大提出的发展战略目标基础上，《中华人民共和国国民经济和社会发展第十四个五年规划和

2035 年远景目标纲要》提出"人均国内生产总值达到中等发达国家水平"的远景目标，明确将"三步走"发展战略中建国百年实现的战略目标提前到 2035 年实现，在"基本公共服务实现均等化"方面也将"基本公共服务均等化基本实现"改为"实现"①，意味着中国式现代化将在改善民生上取得更加显著进展，人民群众将有更多获得感。

（一）人民生活更加宽裕

根据世界银行数据分析显示，2019 年中国的国内生产总值约为 14.343 万亿美元，国民生产总值约为 14.308 万亿美元。按照 14 亿人口计算，中国的人均国内生产总值和人均国民生产总值都超过了 1 万美元。按照 2020 年世界银行的标准，一个国家的人均国民生产总值超过 12535 美元，就进入到高收入国家的行列。据中国国家统计局的数据，2020 年中国的国内生产总值达到 1015986 亿元，按年平均汇率计算，中国的人均国内生产总值继续突破 10000 美元，达到 10276 美元。这意味着中国开始迈向高收入国家行列。

根据中国人均国内生产总值增长率为 5.7% 测算，要达到高收入国家的人均国内生产总值是完全可能的，到 2035 年达到高收入国家的人均国内生产总值，仅需人均国内生产总值年增长率为 1.01% 即可。即使以高收入国家的中高收入水平为目标，实现也是完全可能的。

---

① 《中华人民共和国国民经济和社会发展第十四个五年规划和 2035 年远景目标纲要》，《人民日报》2021 年 3 月 13 日。

到 2035 年，中国人均国内生产总值要达到中等发达国家水平，在经济增长的同时还要实现居民收入同步增长、在劳动生产率提高的同时还要实现劳动报酬同步提高，人民生活将更加宽裕，消费能力进一步提升，消费结构不断升级，生活质量进一步改善，人民群众获得感、幸福感、安全感得到满足。

（二）中等收入群体显著扩大

到 2035 年基本实现社会主义现代化，将紧紧围绕人民收入水平提高，积极稳妥实现就业容量扩大，就业质量提高，进一步稳定和扩大就业。形成劳动力、人才社会性流动体制机制优化，建立健全就业公共服务体系、劳动关系协调机制、终身职业技能培训制度，提高个人劳动贡献率，人民创造力更加充分发挥。完善工资制度和合理分配制度，坚持按劳分配为主体、多种分配方式并存，提高劳动报酬在初次分配中的比重，实现中等收入群体扩大。

从具体指标看，2019 年中国的全国居民恩格尔系数为 28.2%，到 2035 年全国居民恩格尔系数将降低为 20% 左右。政府再分配调节职能充分发挥，再分配机制作用发挥精准且合理化。第三次分配作用明显，慈善事业规范完整，收入和财富分配格局极大优化。

（三）社会保障体系更加健全

到 2035 年基本实现社会主义现代化，中国城乡区域发展的差距和居民生活水平的差距将显著缩小。覆盖全民、统筹城乡、公平统一、可持续的多层次社会保障体系基本建成。实现养老保险全国统筹，基本医疗保险、失业保险、工伤保险省级统筹，重大疾病医疗保险和救助制度、长期护理保险制度建立完善。健全灵活就业人员社保制度。健全退役军人工作体系和保障制度。健全分层分类的社会救助体系。坚持男女平等基本国策，保障妇女儿童合法权益。健全老年人、残疾人关爱服务体系和设施，完善帮扶残疾人、孤儿等社会福利制度。基本公共服务标准体系建立健全，推动基本公共服务体系标准化，促进基本公共服务均等化。推进城乡区域基本公共服务制度统一，实现幼有所育、学有所教、劳有所得、病有所医、老有所养、住有所居、弱有所扶以及优军服务保障、文体服务保障。

八、平安中国建设达到更高水平

国家安全是发展的前提，发展是国家安全的保障，这是从中国长期以来社会主义现代化建设中得出的重要论断。平安中国建设既是中国"十四五"规划发展的内容，也是 2035 年基本实现社会主义现代化的远景目标。当今世界正经历百年未有之大变局，中国经济社会发展正在向高质量发展阶段迈进，一个时期内各种可以预见和难以预见的风险因素明显增多。《中华人民共和国国民经济和社会发展第十四个五年规划和 2035 年远景目标纲要》明确提出，要坚持统筹发展和安全，确保社会主义现代化事业顺利推进，并提出了到 2035 年"平安中国建设达到更高水平，基本实现国防和军队现代化"的远景目标。

（一）国家安全体系和能力显著提升

到 2035 年基本实现社会主义现代化，将进一步坚持总体国家安全观，推进平安中国和国防军队建设，筑牢国家安全屏障。实施国家安全战略，维护和塑造国家安全，统筹传统安全和非传统安全，把安全发展贯穿国家发展各领域和全过程，平安中国建设达到更高水平，形成人民安全、政治安全、国家利益至上的有机统一。集中统一、高效权威的国家安全领导体制作用有效发挥，国家安全法治体系、战略体系、政策体系、人才体系和运行机制完备有效，具有防范化解重大风险的能力，形成有效预判、防范、化解重大风险的举措和能力。统筹发展和安全，实现安全与发展协调统一。国家安全为人民，国家安全靠人民，实现政府、企业、社会组织、广大人民群体共同参与，全社会形成维护国家安全的强大合力，以安全构建促进各领域发展，减少因安全而造成的损失。

（二）人民安全感显著提升

到 2035 年基本实现社会主义现代化，将更加有效防范和化解影响中国现代化进程的各种风险，确保国家经济安全。经济安全标准健全，实现重要产业、基础设施、战略资源、重大科技等关键领域安全可控。粮食、能源和战略性矿产资源、水利、电力、供水、油气、交通、通信、网络、金融等重要基础设施，金融、生态等各方面安全稳定。海外利益保护和风险预警防范体系基本建成。健全公共安全体系，坚持人民至上、生命至上，把保护人民生命安全摆在首位，全面提高公共安全保障能力。完善国家应急管理体系，提高防灾、减灾、抗灾、救灾能力。建成社会治安防控体系。完善社会治理体系，构建源头防控、排查梳理、纠纷化解、应急处置的社会矛盾综合治理机制。国家安全意识深入人心。增强忧患意识，做到居安思危，全民国家安全意识极大提升，形成自觉维护国家安全的社会合力，实现人民安居乐业、中国共产党长期执政、国家长治久安。

（三）基本实现国防和军队现代化

中国共产党十九大报告明确提出了到 2035 年基本实现国防和军队现代化的发展战略目标："同国家现代化进程相一致，全面推进军事理论现代化、军队组织形态现代化、军事人员现代化、武器装备现代化，力争到二〇三五年基本实现国防和军队现代化，到本世纪中叶把人民军队全面建成世界一流军队。"[1]

《中华人民共和国国民经济和社会发展第十四个五年规划和 2035 年远景目标纲要》明确提出，加快国防和军队现代化，实现富国和强军相统一。深入贯彻习近平强军思想，贯彻新时代军事战略方针，坚持党对人民军队的绝对领导，坚持政治建军、改革强军、科技强军、人才强军、依法治军，加快机械化信息化智能化融合发展，全面加强练兵备战，提高捍卫国家主权、安全、发展利益的战略能力，确保 2027 年实现建军百年奋斗目标。

---

[1] 《习近平谈治国理政》第三卷，外文出版社 2020 年版，第 42 页。

　　到 2035 年基本实现社会主义现代化，将进一步把握现代战争规律，推动现代军事化体系建设，现代组织形式基本形成。军事理论现代化持续推进，与时俱进创新战争和战略指导，健全新时代军事战略体系。"三位一体"新型军事人才培养体系基本建立，武器装备现代化处于世界先进水平，加速战略性前沿性颠覆性技术发展。国防和军队现代化质量效益显著提高。建立健全国防体系，以科技为导向切实实施军民融合，既加大对国防科研方面的投入又允许落后技术向民用转化，促进资源再利用。促进国防实力和经济实力同步提升，国防军队发展同国家现代化发展相协调，搞好战略层面筹划，深化资源要素共享，强化政策制度协调，构建起一体化国家战略体系和能力，推动重点区域、重点领域、新兴领域协调发展，优化国防科技工业布局，巩固军政军民团结。

　　在中国共产党十九大和《中华人民共和国国民经济和社会发展第十四个五年规划和 2035 年远景目标纲要》提出的"强军"目标基础上，中国共产党十九届六中全会通过的《中共中央关于党的百年奋斗重大成就和历史经验的决议》更加鲜明地提出中国特色强军之路：

　　　　党提出新时代的强军目标，确立新时代军事战略方针，制定到二〇二七年实现建军一百年奋斗目标、到二〇三五年基本实现国防和军队现代化、到本世纪中叶全面建成世界一流军队的国防和军队现代化新"三步走"战略，推进政治建军、改革强军、科技强军、人才强军、依法治军，加快军事理论现代化、军队组织形态现代化、军事人员现代化、武器装备现代化，加快机械化信息化智能化融合发展，全面加强练兵备战，坚持走中国特色强军之路。①

九、全体人民共同富裕取得更为明显的实质性进展

共同富裕是社会主义的本质要求，是全体人民的共同期盼。《中华人民共和国国民经济和社会发展第十四个五年规划和 2035 年远景目标纲要》明确提出"全体人民共同富裕取得更为明显的实质性进展"的远景目标，在改善人民生活品质上突出了"扎实推动共同富裕"并提出了一系列相应要求和重大举措。习近平在《关于〈中共中央关于制定国民经济和社会发展第十四个五年规划和二〇三五年远景目标的建议〉的说明》中特别提到，这样表述"既指明了前进方向和奋斗目标，也是实事求是、符合发展规律的，兼顾了需要和可能，有利于在工作中积极稳妥把握，在促进全体人民共同富裕的道路上不断向前迈进"②。在中国共产党十九大提出的远景目标基础上增加了"人民生活更加美好"、"人的全面发展"等重要内容，融入了共产主义最高价值追求，展示出中国共产党人的崇高奋斗目标。

① 《中共中央关于党的百年奋斗重大成就和历史经验的决议》，《人民日报》2021 年 11 月 17 日。

② 习近平：《关于〈中共中央关于制定国民经济和社会发展第十四个五年规划和二〇三五年远景目标的建议〉的说明》，《人民日报》2020 年 11 月 4 日。

（一）人民生活品质显著改善

中国式现代化道路是全体中国人民共建共治共享的现代化，是全体中国人民迈向共同富裕的现代化。

到 2035 年基本实现社会主义现代化，归根到底是基本实现人的现代化和人的自由全面发展，是全体人民共建共治共享的现代化。提升人民生活品质、促进全体人民共同富裕，始终是中国式现代化道路的价值指引和现实追求。繁荣发展社会主义市场经济，在市场中重新议定劳动力作为市场要素的作用，增加劳动力初次分配比重，技术、知识、管理等技能市场要素由市场定价参与分配，既能为每个人提供足够生活保障，又能激励各种人才不同方面的创造力，缩小不同要素所造成的不同群体之间的差别。基本实现乡村振兴，形成以工补农、以城带乡，推动形成工农互促、城乡互补、协调发展、共同繁荣的新型工农城乡关系，农业农村现代化基本完成，城乡收入差距进一步缩小。区域分工体系更加合理，区域合作互助、区际利益补偿等机制基本建立，发达地区和欠发达地区、东中西部和东北地区共同发展，区域差距缩小，区域发展更加完善，形成协同发展模式。

（二）形成人口长期发展战略

在一般意义上，人的现代化主要指人口素质的现代化，包括人口类型的现代化、人的身体素质现代化和人的主体素质现代化。

到 2035 年基本实现社会主义现代化，意味着同时也基本实现人的现代化，人的思想素质、政治素质、文化素质、道德素质、心理素质、身体素质与基本实现现代化相适应，个体素质和社会现代化程度协调发展。建立人口长期发展合理规划，优化生育政策，增强生育政策包容性，提高优生优良服务水平，发展普惠托育服务体系，降低生育、养育、教育成本，促进人口长期均稀发展，提高人口素质。实施积极应对人口老龄化国家战略，大力发展普惠型养老服务，构建居家社区机构相协调、医养康养相结合的养老服务体系。坚持在社会经济发展中保障和改善民生，统筹做好社保、医疗、养老、托幼等各方面工作，大力推进养老事业协同发展，培育养老新业态，不断完善基本养老服务体系。

（三）社会治理达到显著改善和提升

社会治理是政府、社会组织、企事业单位、社区以及个人等多种治理主体通过平等合作、对话、协商、沟通等方式，依法对社会事务、社会组织和社会生活进行引导和规范，最终实现公共利益最大化的过程。坚持共建共治共享的社会治理制度，实现社会治理体系和治理能力现代化，不仅是国家治理体系和治理能力现代化的题中应有之义，也是更好满足人民美好生活需要的基础性工程。

到 2035 年基本实现社会主义现代化，意味着社会治理达到显著改善和提升。社会共建共治共享思想深入人心，健全合理治理体系，社会治理共同体主体责任明确，不断拓宽和完善社会治理渠道，实现党组织领导、政府治理、社会调节、居民自治良性互动，形成人人参与、人人共享良好治理氛围，群团组织和社会组织作用充分发挥，自治、法治、德治相结合的城乡基层社会治理体系基本形成。满足人民个体化需求，实现社会治理重心向基层下移，建成一支高水平基层社会治理队伍，以网格化管理、精细化服务、信息化支撑、开放共享的基层管理服务平台满足人民美好生活需要。建立和完善社会教育体系，以社会主义核心价值观为指引，构建更为丰富的精神世界，人民拥有更多选择自由和选择可能，实现人人参与、人人共享。

第六章
实现 2035 年
远景目标的科学依据

 在中国特色社会主义现代化建设的实践过程中，不断实现不同发展阶段的发展战略目标，是检验和确证中国式现代化道路的科学性和可行性的重要途径。中国共产党十九大将中国共产党十三大以来逐步确立的第二个百年奋斗目标——"到 21 世纪中叶基本实现我国社会主义现代化"的发展战略目标作出了重大调整，提出到 2035 年基本实现社会主义现代化，提前了 15 年，充分体现了中国式现代化道路发展的新成效新内涵。这一发展战略目标的重大调整，是建立在充分的科学依据基础之上的，对于提振中国人民和中华民族的自豪感、进一步更加有力地确证中国式现代化道路的科学性和可行性，具有重大理论和现实意义。

一、中国特色社会主义成功实践奠定坚实基础

提出到 2035 年基本实现社会主义现代化的发展战略目标，首先是建立在对新中国成立 70 多年来尤其是改革开放 40 多年来中国发展的伟大成就、经验总结和对社会主义现代化建设规律的科学认识基础之上的，具有坚实的实践基础和科学依据。改革开放以来，中国共产党领导中国人民创造中国式现代化道路，形成了中国特色社会主义理论体系，建立完善了中国特色社会主义制度，繁荣发展了中国特色社会主义文化，推动中国特色社会主义进入了新时代。从发展成效成就上看，中国特色社会主义拥有前所未有的道路自信、理论自信、制度自信和文化自信，为到 2035 年基本实现社会主义现代化奠定了坚实基础，提供了新的"起跳板"。

（一）改革开放的伟大成就开辟道路自信

解放和发展社会主义生产力，大力发展经济，是国家富强和人民富裕的前提，是实现社会主义现代化的物质基础。改革开放以来，中国共产党坚决果断地实现了工作重点的根本转移，下定决心，排除任何干扰，牢牢扭住经济建设这个中心，坚持聚精会神搞建设，一心一意谋发展，干出了中国特色社会主义事业的一片新天地，用几十年的时间走完了西方资本主义发达国家几百年走过的工业化历程，奠定了强大的物质基础。

中国的改革开放首先是从经济体制改革开始的。从小岗村农民

在"包产到户"的约定上按下手印拉开农村改革的序幕，到广东、福建率先试办经济特区打开对外开放大门；从1984年10月中国共产党十二届三中全会通过《中共中央关于经济体制改革的决定》释放城市经济体制改革的活力，到1993年11月中国共产党十四届三中全会通过《中共中央关于建立社会主义市场经济体制若干问题的决定》，成功地破解了在社会主义条件下搞市场经济的"世界性和世纪性难题"，开启了以市场经济体制改革推进社会主义现代化建设的"伟大创举"，把市场化、现代化和社会主义改革这三大社会变革要素有机地结合统一起来，以建立和完善社会主义市场经济体制为动力，从而大大地加速了中国社会主义现代化建设的历史进程，大大地加快了中国全面建设小康社会的历史进程。

进入新世纪以来，中国的经济总量陆续超过加拿大、意大利、法国、英国、德国，2010年超过日本，成为世界第二大经济体，开创了中国经济发展史上前所未有的稳定快速发展时期。在世界格局发生大变革大发展大调整的背景下，和平崛起的中国已经成为一个影响世界经济发展和全球化发展态势的重要因素。历史学名著《现代世界史》这样赞叹："中国为20世纪最后几十年以来的世界树立了经济大发展和现代化的光辉典范。"①

【改革开放40多年的巨大成就】

从数据上看，改革开放40多年来有三组数据对中国经济发展具有标志性意义。

---

① ［美］帕尔默著，科尔顿和克莱默修订：《现代世界史》，世界图书出版公司2009年版，第9页。

一是 2010 年成为世界第二大经济体。国家统计局公布的数据显示，改革开放之初，1978 年中国的国内生产总值（GDP）仅为 2683 亿美元，居全球第 11 位。改革开放 30 多年后，中国的国内生产总值猛增到 2010 年的 5.88 万亿美元，首次超过日本（2010 年日本的国内生产总值为 5.50 万亿美元），30 余年间增长了 20 余倍，平均增速接近 10%，并从此稳居世界第二大经济体。中国共产党十八大以来，中国的综合国力持续提升，2016 年、2017 年、2018 年中国的经济总量连续跨越 70 万亿元、80 万亿元和 90 万亿元大关，2018 年达到 900309 亿元，从 1978 年占世界经济比重的 1.7%上升为接近 16%。

二是 2016 年中国进入中高等收入国家行列。2016 年，中国的国内生产总值达 11.61 万亿美元，提前 4 年时间实现中国共产党十六大提出的国内生产总值到 2020 年比 2000 年翻两番的发展目标；中国的人均国内生产总值达到 8123 美元，首次突破 8000 美元，提前 34 年时间实现邓小平提出的"三步走"发展战略构想中到 21 世纪中叶即 2050 年左右中国的人均国内生产总值达到 8000 美元的目标，首次高于中高等收入国家人均国内生产总值的 7939 美元，进入中高等收入国家行列。与全世界人均国内生产总值 10151 美元的差距进一步缩小，接近于 2007 年的世界平均水平，接近于上世纪 70 年代末美国、德国、法国、日本的水平，接近于上世纪 80 年代初英国的水平和上世纪 90 年代初韩国的水平。2018 年中国的人均国民总收入达到 9732 美元，高于中等收入国家平均水平。

三是中国经济总量与美国的差距进一步缩小。2018 年，中国的经济总量达到 900309 亿元，折合美元 13.2 万亿，是 1978 年的 49.2 倍，约占全球经济总量的 16%。与美国相比，2010 年中国的经济总量首次超过日本成为世界第二大经济体时，只有美国国内生产总值的 40%（2010 年美国的国内生产总值为 14.58 万亿美元），只有三分之一稍多，2018 年则达到了美国经济总量的 64.4%（2018 年美国的国内生产总值为 20.51 万亿美元），几乎达到三分之二，与美国的差距进一步缩小。据国际货币基金组织（IMF）的测算，2018 年中国经济为世界经济增长贡献了 30% 的增量。从 1979 年到 2018 年，中国经济年均增长率为 9.4%，远高于同期世界经济年均增长率 2.9% 左右的增速；中国经济对世界经济增长的年均贡献率为 18% 左右，仅次于美国，居世界第二位。

同时，除了经济实力，中国的制度建设、法治进程、科技实力、国防实力、综合国力、文化软实力、国际影响力等现代化要素，也已经进入世界前列。改革开放 40 多年来，中国经济快速发展，已经成为世界制造业第一大国、货物贸易第一大国。中国外汇储备连续多年位居世界第一，多年来对世界经济增长贡献率达 30% 左右，在国际舞台上越来越具有影响力。

实践证明，改革开放是中国大踏步赶上时代发展潮流的重要法宝，是坚持和发展中国特色社会主义的必由之路，是决定当代中国命运的关键一招，也是决定实现"两个一百年"奋斗目标、实现中华民族伟大复兴的关键一招。新时代的中国将认真用好改革开放的历史经验，在实践中不断全面深化改革，不断扩大对外开放，确保到 2035 年基本实现社会主义现代化的发展战略目标。1992 年邓小平视察南方时说：

> 改革开放胆子要大一些，敢于试验，不能像小脚女人一样。看准了的，就大胆地试，大胆地闯。深圳的重要经验就是敢闯。没有一点闯的精神，没有一点"冒"的精神，没有一股气呀、劲呀，就走不出一条好路，走不出一条新路，就干不出新的事业。①

中国共产党十八大以来，改革开放进一步全面深化，提出了乡村振兴、自由贸易试验区、市场在资源配置中起决定性作用等战略举措，形成了亿万人民同心协力、奋力拼搏的新局面，以共享经济、信息产业、高新技术为代表的新经济动能展现了强大活力，为到 2035 年基本实现社会主义现代化提供了战略举措保障。

（二）全面建成小康社会奠定厚实基础

到 2035 年基本实现社会主义现代化，是在全面建成小康社

---

① 《邓小平文选》第三卷，人民出版社 1993 年版，第 372 页。

会基础上的更高发展目标。中国共产党十九大指出："从十九大到二十大，是'两个一百年'奋斗目标的历史交汇期。我们既要全面建成小康社会、实现第一个百年奋斗目标，又要乘势而上开启全面建设社会主义现代化国家新征程，向第二个百年奋斗目标进军。"①全面建成小康社会为到 2035 年基本实现社会主义现代化、全面建成社会主义现代化强国奠定了更加厚实的基础。

2012 年召开的中国共产党十八大就为全面建成小康社会制定了发展目标。

在经济建设上，包括转变发展方式取得重大进展，实现人均国内生产总值到 2020 年比 2000 年翻两番，自主创新能力显著提高，新农村建设取得重大进展；在政治建设上，包括扩大社会主义民主，全社会法治观念进一步增强，基层民主更加完善，政府提供基本公共服务能力显著增强；在文化建设上，包括明显提高全民族文明素质，良好思想道德风尚进一步弘扬，适应人民需要的文化产品更加丰富；在社会建设上，包括全面改善人民生活，全民受教育程度和创新人才培养水平明显提高，覆盖城乡居民的社会保障体系基本建立，人人享有基本生活保障，绝对贫困现象完全消除，社会管理体系更加健全；在生态文明建设上，包括主要污染物排放得到有效控制，生态环境质量明显改善，生态文明观念在全社会牢固树立。

这一系列发展目标的达成，意味着到 2020 年全面建成小康社会，经济更加发展、民主更加健全、科教更加进步、文化更加繁

---

① 《习近平谈治国理政》第三卷，外文出版社 2020 年版，第 22 页。

荣、社会更加和谐、人民生活更加殷实，为到 2035 年基本实现社会主义现代化的发展战略目标提供了坚实基础。

全面建成小康社会的最大成就、最硬任务，是中国的全面脱贫攻坚。习近平说："消除贫困、改善民生、逐步实现共同富裕，是社会主义的本质要求，是我们党的重要使命。全面建成小康社会，是我们对全国人民的庄严承诺。脱贫攻坚战的冲锋号已经吹响。我们要立下愚公移山志，咬定目标、苦干实干，坚决打赢脱贫攻坚战，确保到 2020 年所有贫困地区和贫困人口一道迈入全面小康社会。"① 中国共产党十九大将"脱贫攻坚"作为决胜全面建成小康社会的三大攻坚战之一。

确保到 2020 年所有贫困地区和贫困人口一道迈入全面小康社会，这是中华民族几千年历史发展中的一大幸事，也是世界历史发展中的一大盛事。

【中国脱贫攻坚的巨大成就】

国家统计局在《关于中国农村贫困状态的评估和监测》中的数据显示，将 1978 年的贫困线划定在 100 元以内这个标准计算，当时全国贫困人口的规模为 2.5 亿人，占全国人口总数的 25.97%，占当时农村人口总数的 30.7%，占世界贫困人口总数的 1/4。如果以人均年收入 200 元作为农村温饱线，则贫困人口的数量更为巨大。因此，在那个时期，中国的贫困问题非常严重，扶贫形势十分严峻，

---

① 《习近平谈治国理政》第二卷，外文出版社 2017 年版，第 83 页。

带来很多社会问题。

改革开放20多年后，中国的贫困人口大幅减少。2001年中国上调国家扶贫标准，相对应的贫困人口仍然有9029万人，然后逐年降低，至2010年为2688万人。

2011年中国再次提升国家扶贫标准，相对应的贫困人口又增加至1.22亿人。至2012年末，中国的贫困人口为9899万人。

脱贫攻坚是全面建成小康社会的底线任务。中国特色社会主义进入新时代，中国大地打响了声势浩大的脱贫攻坚战，历史性地解决了绝对贫困问题。

2021年2月25日，全国脱贫攻坚总结表彰大会在北京召开。习近平宣告，中国的脱贫攻坚战取得了全面胜利，在现行标准下9899万农村贫困人口全部脱贫，832个贫困县全部摘帽，12.8万个贫困村全部出列，区域性整体贫困得到解决，完成了消除绝对贫困的艰巨任务，提前10年实现了《联合国2030年可持续发展议程》提出的减贫目标，创造了减贫治理的中国样本，为全球减贫事业作出了重大贡献。

2021年，正值中国共产党成立100周年，习近平郑重宣告，中国如期实现第一个百年奋斗目标，如期全面建成小康社会。

这些伟大的历史性成就，不仅标志着中国的发展步入崭新的征程，影响到中国发展的方方面面，也为到2035年基本实现社会主义现代化的发展战略目标提供了坚实基础，凝聚了更大的实践自信。

（三）新时代开辟全面建设社会主义现代化新征程

新时代坚持和发展中国特色社会主义，是站在更高起点上的光辉事业，意味着中国式现代化道路取得更加显著的成效和成就。

首先，中华民族已经从站起来、富起来迈入了强起来的发展历程，反映在经济、政治、文化、社会、生态文明等各项建设中，中国是世界上发展最好、潜力最大、韧性最足的国家之一。到 2035 年基本实现社会主义现代化的发展战略目标，其实正是在中国已有较高积累水平基础上的进一步提升，是在站起来、富起来的基础上向强起来迈进的提升。

其次，中国式现代化是社会主义的现代化，改革开放是社会主义制度的自我完善和自我发展。改革开放 40 多年来，社会主义各项制度的不断完善，保障了中国共产党领导、人民当家作主、依法治国的有机统一，实现了激发活力与集聚力量的有效结合，极大地解放和发展了社会生产力，充分调动了亿万劳动者的积极性、主动性、创造性，有效实现、维护、发展了人民的根本利益和现实利益。中国特色社会主义制度的巨大优势正在充分释放，并仍将不断地展现出强大的生机活力，为到 2035 年基本实现社会主义现代化的发展战略目标提供了制度保障和政治保障。

最后，经过长期探索，中国找到了一条适合中国基本国情、适合实现社会主义现代化而区别于资本主义现代化的发展之路，并在长期摸索中形成了中国特色社会主义道路、理论、制度和文化，形成了坚持和发展中国特色社会主义基本理论、基本路线、基本方略的中国式现代化道路。可以说，各方面的探索都已趋向基本成型和更加成熟，为到 2035 年基本实现社会主义现代化的发展战略目标提供了稳步前进的前提。

二、中国人民奋斗拼搏提供不竭力量源泉

人民是人类一切物质财富和精神财富的创造者。人类社会的一切辉煌成就，都是通过人民群众的努力奋斗得来的。回溯中华民族的发展史，可以看到，中华民族历史上的一切辉煌成就都兴于奋斗、社会主义革命与建设的伟大成就都源于奋斗、改革开放给中华民族带来的历史巨变都成于奋斗。放眼中国式现代化道路，奋斗正是其主基调，是重要的关键词。社会主义是干出来的，中国式现代化是干出来的！中国人民的奋斗精神和拼搏精神，为到 2035 年基本实现社会主义现代化提供了不竭动力和力量源泉。

（一）中国人民艰苦奋斗凝聚磅礴力量

人民是历史发展的主体，历史活动是群众的事业，决定历史发展的是"行动着的群众"。人民群众是历史的创造者。这是马克思主义的基本观点。毛泽东说："人民，只有人民，才是创造世界历史的动力。"[1]

信仰人民是马克思主义的人民观，是中国共产党人的初心和宗

---

[1] 《毛泽东选集》第三卷，人民出版社 1991 年版，第 1031 页。

旨，也是中国共产党的人民情怀最深沉、最持久、最强大的动力。人民群众是中国共产党人的力量源泉。习近平说："我们党来自人民、植根人民、服务人民，党的根基在人民、血脉在人民、力量在人民。失去了人民拥护和支持，党的事业和工作就无从谈起。"①全面建设社会主义现代化，是中国共产党领导中国人民共同奋斗的事业，根本的动力源泉是中国人民，根本的依靠力量也是中国人民。中国共产党人带领中国人民共同奋斗拼搏，为到 2035 年基本实现社会主义现代化凝聚了磅礴力量。

纵观中华民族的发展史，就是一部奋斗史。中华民族是一个崇尚艰苦奋斗的民族，中国人民是具有伟大梦想精神和伟大奋斗精神的人民。愚公移山、悬梁刺股、精卫填海等奋斗精神，一直是中华民族价值观的主流；"玉汝于成"、"梅花香自苦寒来"、"君子以自强不息"等古训格言，一直是中华民族所崇尚和追求的价值理念和行为准则。可以说，艰苦奋斗精神早已融入中华民族的文化基因，流入中华儿女的血液，成为中国人民的精神密码。在中国共产党带领下，中国人民将更加展示出奋发有为的拼搏精神。新中国成立 70 多年来，从百废待兴、一穷二白的起点，通过全国人民的拼搏奋斗，发展为崛起中的社会主义大国，凝聚了前所未有的道路自信、理论自信、制度自信和文化自信。

进入新时代以来，习近平在不同场合多次强调艰苦奋斗的重要性，为新时代坚持和发展中国特色社会主义定下了奋斗的主基调。他说，伟大的事业需要几代人、十几代人、几十代人的持续奋斗。

---

① 《习近平谈治国理政》，外文出版社 2014 年版，第 367 页。

新时代需要实现的目标任务极为艰巨，靠的不是一个人、少数人的努力，而是千千万万各行各业的普通人凝心聚力、齐心协力，必须准备付出更为艰苦的努力。"行百里者半九十。中华民族伟大复兴，绝不是轻轻松松、敲锣打鼓就能实现的。全党必须准备付出更为艰巨、更为艰苦的努力。"[1]

中国共产党十九大描绘了全面建设社会主义现代化强国的美好蓝图，成果人人有份，责任也人人有份，将激发每一个中国人都增强民族自豪感和使命感，在为实现现代化和民族复兴的奋斗中争取人人出彩。习近平说："新时代是奋斗者的时代。我们要坚持把人民对美好生活的向往作为我们的奋斗目标，始终为人民不懈奋斗、同人民一起奋斗，切实把奋斗精神贯彻到进行伟大斗争、建设伟大工程、推进伟大事业、实现伟大梦想全过程，形成竞相奋斗、团结奋斗的生动局面。"[2] 这样的梦想精神和奋斗精神，正是到 2035 年基本实现社会主义现代化的不竭动力。

（二）中华民族积蓄的能量要爆发

伟大的国家来自伟大的人民，伟大的人民创造伟大的事业。近代以来尤其是中国共产党成立以来，中国人民不屈不挠、团结一心，挽狂澜于既倒、扶大厦之将倾，写下了保家卫国、抵御外辱的壮丽史诗，取得了新民主主义革命的伟大胜利，建立了中华人民共

---

[1]　习近平：《决胜全面建成小康社会　夺取新时代中国特色社会主义伟大胜利——在中国共产党第十九次全国代表大会上的报告》，人民出版社 2017 年版，第 15 页。

[2]　习近平：《在 2018 年春节团拜会上的讲话》，《人民日报》2018 年 2 月 15 日。

和国。

改革开放以来，中国人民勤劳努力、不懈奋斗，在短短 40 多年的时间里走过了西方国家几百年发展的历程。

进入新时代以来，中国人民怀揣梦想，迎难而上，开拓进取，取得了社会主义现代化建设的历史性成就，推动着中国社会发生历史性变革，推进着中国的发展站到了一个新的历史起点上，中华民族迎来了从站起来、富起来到强起来的伟大飞跃。

中国特色社会主义的伟大实践和辉煌成就，有力证明了中国特色社会主义的蓬勃生机和时代魅力。这是中国人民奋斗出来的！中国人民已经奋斗得太久、等待得太久了，中国人民积蓄的能量在中华大地涌动，必将为全面建设社会主义现代化而爆发。

展望未来，完全可以相信，新中国成立特别是改革开放以来，中华民族已经积蓄了丰厚的物质和精神能量，正要为实现社会主义现代化和中华民族伟大复兴而爆发。习近平曾这样深情地赞美中国人民的伟大力量和中华民族的伟大精神：

> 有这样伟大的人民，有这样伟大的民族，有这样的伟大民族精神，是我们的骄傲，是我们坚定中国特色社会主义道路自信、理论自信、制度自信、文化自信的底气，也是我们风雨无阻、高歌行进的根本力量！ ①

创造、奋斗、团结、梦想是中华民族精神的核心要义，是中国

---

① 《习近平谈治国理政》第三卷，外文出版社 2020 年版，第 142 页。

人民不竭的力量源泉。始终发扬这些伟大民族精神，是新时代中华民族走向未来，到 2035 年基本实现社会主义现代化和本世纪中叶全面实现社会主义现代化最坚实的底气、最强大的动力和最重要的保证。

（三）高素质人力资源为新时代注入澎湃动力

马克思说，"整个所谓世界历史不外是人通过人的劳动而诞生的过程，是自然界对人来说的生成过程"[1]。毛泽东说："人民群众有无限的创造力。他们可以组织起来，向一切可以发挥自己力量的地方和部门进军，向生产的深度和广度进军，替自己创造日益增多的福利事业。"[2] 在马克思主义者看来，世界上第一宝贵的是人，人民群众中蕴藏着无穷的智慧和力量，人类社会的知识和技术进步，归根到底都来自人民，只要有了人，什么人间奇迹都可以创造出来。

创新是第一动力，人才是第一资源。经过长期努力和培育，中国的人口素质稳步提升，中国储备了相当数量的高素质人才和人力资源。中国人口素质的整体提升积蓄了大量的创新创造动能，为到 2035 年基本实现社会主义现代化提供了创新创造发展的强大后劲。

【新中国成立 70 周年中国教育发展成就】

中国国家统计局 2019 年 8 月发布的"新中国成立 70 周年经济社会发展成就报告"显示，中国教育普及程度大

---

① 《马克思恩格斯文集》第 1 卷，人民出版社 2009 年版，第 196 页。
② 《毛泽东文集》第六卷，人民出版社 1999 年版，第 457 页。

幅提高，总体水平跃居世界中上行列。

新中国成立初期，中国教育水平低下，人口文化素质差，学龄儿童入学率只有 20% 左右，全国 80% 以上人口是文盲。

改革开放以来，中国教育进入全面发展时期，义务教育不断完善，高等教育逐步加强，国民受教育程度不断提高。至 2018 年，九年义务教育巩固率达 94.2%，普通本专科在校学生 2831 万人，比 1978 年增长 32 倍，15 岁及以上人口平均受教育年限由 1982 年的 5.3 年提高到 9.6 年。

中国共产党十八大以来，中国教育事业取得新的历史性进展，总体发展水平跃居世界中上行列，现代职业教育体系初步建立。2018 年，中国高等教育毛入学率已达到 48.1%，高于中高收入国家平均水平，中等职业教育学校达到 10340 所。

教育事业的发展，有效提升了全民族的科技文化素质，为全面建设社会主义现代化国家培养了大量人才资源。

从高素质人口看，中华人民共和国人力资源和社会保障部公布的《2017 年度人力资源和社会保障事业发展统计公报》显示，截至 2017 年底，中国有两院院士 1660 多人，享受政府特殊津贴专家 17.7 万人，国家百千万人才工程入选者 5729 人，博士后科研工作站设站总数达到 3396 个，博士后科研流动站总数达到 3010 个，累计招收培养博士后 18 万多人。

> 如果说改革开放后的前40年中国储备的人口红利主要是庞大的人口数量红利，那么，进入新时代，中国人口素质的整体提升将释放出新的人口质量红利，这为到2035年基本实现社会主义现代化提供了不竭的创新创造的人力资源。

中国特色社会主义进入新时代，人民对美好生活的需要有着更大外延、更广内涵，要求更好的物质创造、要求更好的社会治理和社会制度、要求更好的精神文化创造。美好生活的需要涵盖方方面面，这就要求创新创造体现在方方面面。所谓创新创造，决不是简单的重复劳动或者扩大生产，只有产生新特点的新事物才能真正与这些需求对接，故而中国特色社会主义新时代对于广大劳动者最大也是最基本的要求，就是发挥创新创造能力。

以科技领域为例，新时代中国的经济发展要实现高质量发展，就要在全球产业链分工体系中占据高位，这特别依赖于科技创新作为经济发展动能的作用。例如，近年来在芯片、发动机等方面暴露出来的问题，深刻折射出中国核心技术创新能力上的薄弱点。习近平说："面对日益激烈的国际竞争，我们必须把创新摆在国家发展全局的核心位置，不断推进理论创新、制度创新、科技创新、文化创新等各方面创新。"①

人民对美好生活的需要和到2035年基本实现社会主义现代化的现实需要，使中国人民的创新创造精神正在前所未有地迸发出来，

---

① 习近平：《在知识分子、劳动模范、青年代表座谈会上的讲话》，人民出版社2016年版，第5页。

推动中国日新月异地向前发展，大踏步地走向世界前列。只要 14 亿多中国人始终发扬这种创新创造精神，就一定能够创造出一个又一个人间奇迹，到 2035 年就一定能够基本实现社会主义现代化！

三、习近平新时代中国特色社会主义思想提供科学理论指导

科学理论是实践的先导。以马克思主义为指导，高度重视理论建设和理论武装，是中国共产党一贯的实践品格，也是中国革命、建设、改革事业不断取得重大成就的根本原因。中国共产党十八大以来，以习近平同志为核心的党中央胸怀实现社会主义现代化和中华民族伟大复兴的发展战略目标，面对当今世界处于大发展大变革大调整时期，面临百年未有之大变局，科学把握时代发展潮流，从理论和实践的结合上系统回答了新时代"坚持和发展什么样的中国特色社会主义、怎样坚持和发展中国特色社会主义"这一重大时代课题，创立了习近平新时代中国特色社会主义思想。习近平新时代中国特色社会主义思想是把脉新时代中国发展的锐利思想武器，为确保到 2035 年基本实现社会主义现代化和第二个百年奋斗目标的顺利实现，提供了科学的理论指导、政治纲领和行动指南。

（一）为新时代举旗定向和提供根本遵循

新中国成立 70 多年来尤其是改革开放 40 多年来，中国共产党

的面貌、国家的面貌、人民的面貌、军队的面貌、中华民族的面貌发生了前所未有的历史性变化。

随着中国改革开放的持续推进和新时代中国特色社会主义事业的深入发展，一方面中国所取得的成就越来越大，另一方面在发展中出现的新情况新问题新挑战也越来越多，面临的每一项发展难题、每一个发展瓶颈都可以说是前所未有的新课题。正如邓小平所说："发展起来以后的问题不比不发展时少。"①

在改革开放 40 多年的历史进程中，中国共产党始终坚持把马克思主义基本原理同中国具体实际相结合、同中华优秀传统文化相结合，不断创新发展马克思主义中国化的理论成果——中国特色社会主义理论体系：包括以邓小平同志为主要代表的中国共产党人，团结带领全党全国各族人民，深刻总结新中国成立以来正反两方面经验，围绕什么是社会主义、怎样建设社会主义这一根本问题，借鉴世界社会主义历史经验，创立了邓小平理论；以江泽民同志为主要代表的中国共产党人，团结带领全党全国各族人民，坚持党的基本理论、基本路线，加深了对什么是社会主义、怎样建设社会主义和建设什么样的党、怎样建设党的认识，形成了"三个代表"重要思想；以胡锦涛同志为主要代表的中国共产党人，团结带领全党全国各族人民，在全面建设小康社会进程中推进实践创新、理论创新、制度创新，深刻认识和回答了新形势下实现什么样的发展、怎样发展等重大问题，形成了科学发展观，为解决发展中出现的各种难题提供了理论指导。

① 《邓小平年谱（一九七五——一九九七）》下卷，中央文献出版社 2004 年版，第 1364 页。

中国特色社会主义进入新时代，习近平新时代中国特色社会主义思想的创立，以全新的理论视野深化了对共产党执政规律、社会主义建设规律、人类社会发展规律的科学认识，对新时代坚持和发展中国特色社会主义的一系列事关发展全局的重大问题作出了科学回答，提供了思想指导和行动指南。

中国共产党十九届六中全会通过的《中共中央关于党的百年奋斗重大成就和历史经验的决议》指出：

> 习近平同志对关系新时代党和国家事业发展的一系列重大理论和实践问题进行了深邃思考和科学判断，就新时代坚持和发展什么样的中国特色社会主义、怎样坚持和发展中国特色社会主义，建设什么样的社会主义现代化强国、怎样建设社会主义现代化强国，建设什么样的长期执政的马克思主义政党、怎样建设长期执政的马克思主义政党等重大时代课题，提出一系列原创性的治国理政新理念新思想新战略，是习近平新时代中国特色社会主义思想的主要创立者。习近平新时代中国特色社会主义思想是当代中国马克思主义、二十一世纪马克思主义，是中华文化和中国精神的时代精华，实现了马克思主义中国化新的飞跃。①

毛泽东曾说："马克思主义的哲学认为十分重要的问题，不在

———————

① 《中共中央关于党的百年奋斗重大成就和历史经验的决议》，《人民日报》2021 年 11 月 17 日。

于懂得了客观世界的规律性，因而能够解释世界，而在于拿了这种对于客观规律性的认识去能动地改造世界。"①

在对国际国内"两个大局"尤其是对中国发展新的历史方位和新的发展阶段进行科学分析的基础上，习近平新时代中国特色社会主义思想从根本上指向了新时代坚持和发展中国特色社会主义的新实践新征程。中国共产党十九大集中概括了习近平新时代中国特色社会主义思想的"八个明确"，科学回答了一系列事关党和国家发展的重大问题，为进一步推动和发展新时代中国特色社会主义事业提供了根本遵循和前进方向。

在中国共产党十九大集中概括习近平新时代中国特色社会主义思想的"八个明确"的基础上，中国共产党十九届六中全会通过的《中共中央关于党的百年奋斗重大成就和历史经验的决议》，用"十个明确"对习近平新时代中国特色社会主义思想的核心内容作了进一步概括：

明确中国特色社会主义最本质的特征是中国共产党领导，中国特色社会主义制度的最大优势是中国共产党领导，中国共产党是最高政治领导力量，全党必须增强"四个意识"、坚定"四个自信"、做到"两个维护"；

明确坚持和发展中国特色社会主义，总任务是实现社会主义现代化和中华民族伟大复兴，在全面建成小康社会的基础上，分两步走在本世纪中叶建成富强民主文明和谐美丽的社会主义现代化强国，以中国式现代化推进中华民族伟大复兴；

① 《毛泽东选集》第一卷，人民出版社 1991 年版，第 292 页。

明确新时代中国社会主要矛盾是人民日益增长的美好生活需要和不平衡不充分的发展之间的矛盾，必须坚持以人民为中心的发展思想，发展全过程人民民主，推动人的全面发展、全体人民共同富裕取得更为明显的实质性进展；

明确中国特色社会主义事业总体布局是经济建设、政治建设、文化建设、社会建设、生态文明建设"五位一体"，战略布局是全面建设社会主义现代化国家、全面深化改革、全面依法治国、全面从严治党"四个全面"；

明确全面深化改革总目标是完善和发展中国特色社会主义制度、推进国家治理体系和治理能力现代化；

明确全面推进依法治国总目标是建设中国特色社会主义法治体系、建设社会主义法治国家；

明确必须坚持和完善社会主义基本经济制度，使市场在资源配置中起决定性作用，更好发挥政府作用，把握新发展阶段，贯彻创新、协调、绿色、开放、共享的新发展理念，加快构建以国内大循环为主体、国内国际双循环相互促进的新发展格局，推动高质量发展，统筹发展和安全；

明确党在新时代的强军目标是建设一支听党指挥、能打胜仗、作风优良的人民军队，把人民军队建设成为世界一流军队；

明确中国特色大国外交要服务民族复兴、促进人类进步，推动建设新型国际关系，推动构建人类命运共同体；

明确全面从严治党的战略方针，提出新时代党的建设总要求，全面推进党的政治建设、思想建设、组织建设、作风建设、纪律建设，把制度建设贯穿其中，深入推进反腐败斗争，落实管党治党政治责任，以伟大自我革命引领伟大社会革命。

这些战略思想和创新理念，是党对中国特色社会主义建设规律认识深化和理论创新的重大成果，为新时代全面建设社会主义现代化强国提供了根本遵循和行动指南。

中国共产党十九大还集中概括了习近平新时代中国特色社会主义思想的"十四条基本方略"，涉及经济、政治、制度、科技、党建、文化、教育、法治、民生、民族、宗教、社会、生态、国家安全、国防和军队、"一国两制"和祖国统一、统一战线、外交等方面，为新时代统筹推进中国特色社会主义事业提供了科学指导和实践遵循。

同时，中国共产党十八大以来，在习近平新时代中国特色社会主义思想的指导下，中国正在扎实推进到2035年基本实现社会主义现代化的战略举措，出台了《中国制造2025》《中国教育现代化2035》《"健康中国2030"规划纲要》《新一代人工智能发展规划》《关于加快推进生态文明建设的意见》《长江经济带发展规划纲要》等具体发展规划。

（二）统筹推进"五位一体"总体布局

中国共产党十八大首次对推进中国特色社会主义事业作出了"五位一体"总体布局，将"生态文明建设"纳入其中，提出要全面推进经济建设、政治建设、文化建设、社会建设、生态文明建设，实现以人为本、全面协调可持续的科学发展。中国共产党十九大进一步提出，要"明确中国特色社会主义事业总体布局是'五位一体'"。"五位一体"的内涵丰富全面，涉及中国特色社会主义建设的方方面面，既是中国特色社会主义事业的总体布局，也是到 2035 年基本实现社会主义现代化的总体部署。

将生态文明建设纳入"五位一体"总体布局，是中国共产党对中国特色社会主义认识不断深化的结果，深刻体现了中国特色社会主义总体布局历史演进的丰富内涵和逻辑特征，即顺应人民群众的新期待和对美好生活的向往，坚持与时俱进，不断丰富和发展中国特色社会主义建设的内容。"五位一体"总体布局是一个有机整体，各部分之间联系紧密、相互促进，共同构成社会主义事业的总体布局，其精髓在于统筹兼顾、全面推进，而不能偏废一方。

经济建设是党和国家的中心工作，也是各项事业取得发展进步的基础和前提。改革开放 40 多年来，中国经济发展取得了举世瞩目的成就，为到 2035 年基本实现社会主义现代化奠定了坚实的经济基础。在推进到 2035 基本实现社会主义现代化的过程中，仍然必须根据中国社会主要矛盾的转变和状况，始终坚持"以经济建设为中心"不动摇。

政治建设的主要目标是发展社会主义民主政治，积极推动中国特色社会主义制度更加成熟更加定型，更好保证人民当家作主。这是充分调动广大人民群众积极性主动性创造性的政治保障，能保证越来越广大的人民群众积极参与管理国家和社会事务，同时进一步提高国家治理体系和治理能力现代化水平。

文化建设是中国特色社会主义事业的灵魂，能够为中国特色社会主义事业提供思想保证、精神动力和智力支持。大力加强文化软实力建设，不断创造满足人民精神需求的文化产品，是"五位一体"

总体布局的题中之义。

社会建设涉及公共服务和社会治理，与百姓民生息息相关。推进社会建设有利于妥善协调各方面的利益关系，创造良好社会环境，为中国特色社会主义事业提供良好的外部条件。

生态文明建设是实现人民对美好生活向往的新要求，体现了中国共产党对中国特色社会主义建设规律认识的不断深化，人民在物质生活和精神生活不断满足的基础上，更加需要美好的生态环境，而且美好的物质生活也需要绿色经济发展，经济的可持续发展必须处理好生产发展与生态环境保护的关系，形成绿色低碳循环发展的新模式。因此，建设生态文明关系人民福祉，也关乎民族长远大计，是可持续发展的基础工程。

总之，"五位一体"总体布局，经济建设是基础，政治建设是保证，文化建设是灵魂，社会建设是条件，生态文明建设是新要求。"五位一体"总体布局坚持和发展了马克思主义的社会有机体思想，深化了社会发展、人的发展和自然发展之间的内在联系，丰富了坚持以人为本、全面协调可持续发展的理论意蕴和实践指向。

落实"五位一体"总体布局，必将全面贯彻中国共产党的基本理论、基本路线、基本方略，引领各项事业全面发展。在经济建设上，坚持新发展理念，建设现代化经济体系，以供给侧结构性改革为主线，推动经济发展质量变革、效率变革、动力变革，不断解放和发展社会生产力。在政治建设上，坚持人民当家作主，把中国社会主义民主政治的优势和特点充分发挥出来，保证人民当家作主真正落实到国家政治生活和社会生活之中。在文化建设上，坚持社会主义核心价值体系，繁荣发展中国特色社会主义文化，坚持中华优秀传统文化的创造性转化和创新性发展。在社会建设上，坚持在发展中保障和改善民生，在发展中补齐民生短板、促进社会公平正义，在幼有所育、学有所教、劳有所得、病有所医、老有所养、住有所居、弱有所扶上不断取得新进展。在生态文明建设上，坚持人与自然和谐共生，形成节约资源和保护环境的空间格局、产业结构、生产方式、生活方式，还自然以宁静、和谐、美丽，从源头上找到了一条扭转生态环境恶化趋势，坚持生产发展、生活富裕、生态良好的文明发展道路。

（三）协调推进"四个全面"战略布局

善于抓住事物的主要矛盾和矛盾的主要方面，是马克思主义哲学的重要方法论。毛泽东在《矛盾论》中曾指出："对于矛盾的各种不平衡情况的研究，对于主要的矛盾和非主要的矛盾、主要的矛盾方面和非主要的矛盾方面的研究，成为革命政党正确地决定其政治上和军事上的战略战术方针的重要方法之一，是一切共产党人都应当注意的。"[①]在明确了中国特色社会主义事业总体布局之后，应该如何统筹推进"五位一体"建设？这就必须善于分析主要矛盾和矛盾的主要方面，具体选择有效的科学方法论。

协调推进"四个全面"战略布局，是习近平新时代中国特色社会主义思想的重要组成部分，包括从全面建成小康社会到全面建设社会主义现代化国家、全面深化改革、全面依法治国和全面从严治

---

① 《毛泽东选集》第一卷，人民出版社 1991 年版，第 326—327 页。

党，这"是当前党和国家事业发展中必须解决好的主要矛盾"①。建设中国特色社会主义，总依据是中国仍处于并将长期处于社会主义初级阶段，总布局是经济建设、政治建设、文化建设、社会建设和生态文明建设"五位一体"，总任务是实现社会主义现代化和中华民族伟大复兴，而"四个全面"战略布局就是立足"总依据"，推进"总布局"，进而实现"总任务"的总抓手。它深刻把握了新时代中国的发展大局和矛盾的主要方面，既为统筹推进"五位一体"总体布局明确了发展目标、战略重点与根本保证，也为到 2035 年基本实现社会主义现代化提供了战略指引和重要保障。

"四个全面"战略布局，是一个内容丰富、逻辑严密的思想体系，它从坚持和发展中国特色社会主义全局出发，明确了新时代中国发展的战略目标和战略举措，是中国共产党在新形势下治国理政的总方略总抓手，深刻体现了矛盾论、系统论和总体论思想。全面建成小康社会和全面建设社会主义现代化国家是"两个一百年"奋斗目标；全面深化改革为全面建成小康社会和全面建设社会主义现代化国家提供了动力源泉，也为全面依法治国和全面从严治党提供了不竭动力；全面依法治国为全面建成小康社会和全面建设社会主义现代化国家提供了法治保障，也是全面深化改革和全面从严治党的制度保障；全面从严治党为全面建成小康社会和全面建设社会主义现代化国家、全面依法治国和全面深化改革提供了核心领导力量和政治保障。

"四个全面"战略布局，不但深刻回答了在全面建成小康社会

---

① 《习近平谈治国理政》第二卷，外文出版社 2017 年版，第 22 页。

与全面建设社会主义现代化国家的战略交汇期如何建设中国特色社会主义的问题，而且为中国特色社会主义长期发展提供了战略指引。究其原因，主要是"四个全面"战略布局深刻把握了新时代中国特色社会主义事业发展中的主要矛盾，或者说矛盾的主要方面或几个关键命题，全面建成小康社会和全面建设社会主义现代化国家直接关系到"两个一百年"奋斗目标的目标问题，全面深化改革直接关系到中国特色社会主义事业的发展动力源泉问题，全面依法治国直接关系到国家治理体系和治理能力的现代化问题，全面从严治党直接关系到中国特色社会主义事业的坚强领导核心问题。因此，在到2035 年基本实现社会主义现代化的进程中，"四个全面"战略布局将作为重要战略指引发挥着"总抓手"的关键作用和"总方略"的统领作用。

（四）新发展理念引领高质量发展

新时代中国社会的主要矛盾发生了历史性变化，转化为人民日益增长的美好生活需要和不平衡不充分的发展之间的矛盾。中国社会主要矛盾的这一转化，一方面意味着改革开放以来，尤其是中国共产党十八大以来，中国取得的历史性成就是全方位的、开创性的，发生的历史性变革是深层次的、根本性的，中国的经济实力、科技实力、国防实力、综合国力进入世界前列；另一方面，也意味着对新时代推动中国特色社会主义现代化建设提出了新的更高要求，即着力解决发展不平衡不充分的问题，更好地以发展质量满足人民群众日益增长的美好生活需要。

就发展状况而言，中国经济发展的现有模式所带来的弊端已经达到了高峰，发展方式粗放落后，经济结构不合理，创新能力不强，区域发展不平衡，贫富差距过大，民生领域短板突出，生态环境严重破坏，市场和资源环境亟待改善，一直支撑经济增长的体制内部也出现了制度性疲劳和障碍等，迫切需要采取切实措施解决这些突出问题，按照高质量发展的要求，推动经济转型升级和持续健康发展。

这些突出问题的出现，亟须深化和拓展对发展内涵与外延的科学认识。进入新时代的中国经济发展，基本特征就是已经由高速增长阶段转向高质量发展阶段。推动高质量发展，是保持经济持续健康发展的必然要求，也是适应中国社会主要矛盾变化和全面建成小康社会、全面建设社会主义现代化国家的必然要求，是遵循中国特色社会主义经济发展规律的必然要求。习近平说：

> 前进道路上，我们必须围绕解决好人民日益增长的美好生活需要和不平衡不充分的发展之间的矛盾这个社会主要矛盾，坚决贯彻创新、协调、绿色、开放、共享的发展理念，统筹推进"五位一体"总体布局、协调推进"四个全面"战略布局，推动高质量发展，推动新型工业化、信息化、城镇化、农业现代化同步发展，加快建设现代化经济体系，努力实现更高质量、更有效率、更加公平、更可持续的发展。①

---

① 《习近平谈治国理政》第三卷，外文出版社 2020 年版，第 186 页。

"创新、协调、绿色、开放、共享"五大发展理念，作为习近平新时代中国特色社会主义思想的重要内容，为新时代推动高质量发展提供了战略指引和重要遵循。习近平指出：

> 发展理念是发展行动的先导，是管全局、管根本、管方向、管长远的东西，是发展思路、发展方向、发展着力点的集中体现。①

所谓创新发展，聚焦新时代发展的动力问题，着力让创新成为转型发展的第一动力；协调发展聚焦新时代发展的不平衡问题，着力推动协调、可持续发展；绿色发展注重人与自然的和谐问题，坚持走生态优先、绿色发展道路；开放发展注重发展的内外联动问题，着力推动更高层次上的对外开放；共享发展则注重社会公平正义问题，着力让发展成果惠及全体人民，普惠到更多人。

以新发展理念推动高质量发展，实际上针对的正是社会主要矛盾的有效解决。从人民对美好生活的需要看，新发展理念深化了发展中从量到质的新要求，在供给侧对经济、政治、社会、文化、生态等各方面发展都提出了更高要求，无论在内容上还是在层次上，都把满足人民更丰富、更美好的生活需要放到了更加重要的位置；从发展不平衡的角度看，新发展理念提出了"协调"和"共享"的理念，要求使全体人民在共建共享的发展中有更多获得感、幸福感、安全感；从发展不充分的角度看，新发展理念明确以"创新"

---

① 《十八大以来重要文献选编》（中），中央文献出版社 2016 年版，第 774 页。

为第一动力，进一步扩大开放，为转换发展动能、形成发展新引擎指明了路径。

可以说，新发展理念为破解到 2035 年基本实现社会主义现代化过程中面临的诸多发展难题指明了方向，开了药方良方。

四、社会主义核心价值观提供强大精神指引

在历史发展的过程中，中华民族表现出了强大生命力，虽经无数内忧外患、饱受种种磨难，却一脉相承地延续下来，成为世界文明史中唯一没有中断历史的国家。其中一个重要原因，就是中华民族始终有着自己恒定的核心价值观、核心价值体系和精神家园。黑格尔曾说："只有黄河、长江流过的那个中华帝国是世界上唯一持久的国家。"罗素曾发出惊叹："自孔子以来，埃及、巴比伦、波斯、马其顿，包括罗马的帝国，都消亡了；但是中国却以持续的进化生存下来了"。在创造中国式现代化道路的进程中，坚持社会主义核心价值体系，坚持用社会主义核心价值观引领社会思潮，树立中国特色社会主义文化自信，在全党全社会形成统一指导思想、共同理想信念、强大精神力量、基本道德规范，将为到 2035 年基本实现社会主义现代化提供了强大精神指引。

（一）推动新时代中国社会发展进步的价值引领

一个民族、国家的核心价值观和核心价值体系一旦形成，就具

有某种根本性、恒定性和稳定性。自古以来，当一个民族、国家的核心价值观确立以后，它将通过经济的、政治的、文化的等各种途径，通过德治与法治相结合的形式逐步实现社会化、大众化、日常化，进入人们的思想和灵魂深处，成为人们共同遵循和普遍维护的根本价值准则。随着时代的变迁和发展，一个民族、国家的主流价值观、具体价值观乃至某些基本价值观，都可能会有所发展和变化，社会的价值体系也会发生相应的变化，但是核心价值观却大体恒定，规定着价值主体所进行的价值评价、价值选择、价值创造等活动，成为价值主体从事一切社会活动的内在尺度。

改革开放 40 多年来，中国共产党领导中国人民建设中国式现代化，迎来了从站起来、富起来到强起来的伟大飞跃，解决了人们的"富口袋"问题。进入新世纪以来，中国共产党又提出建设社会主义核心价值体系，提出积极培育和践行社会主义核心价值观，主要是为了解决人们的"富脑袋"问题，回答人们关于生活价值和生存意义的问题，可谓意义深远。习近平说："如果一个民族、一个国家没有共同的核心价值观，莫衷一是，行无依归，那这个民族、这个国家就无法前进。"①

2006 年 10 月，中国共产党十六届六中全会通过的《中共中央关于构建社会主义和谐社会若干重大问题的决定》明确提出了"建设社会主义核心价值体系"这个重大命题和战略任务。2012 年 11 月，中国共产党十八大首次提出了要"积极培育和践行社会主义核心价值观"。中国共产党十八大报告指出：

① 《习近平谈治国理政》，外文出版社 2014 年版，第 168 页。

社会主义核心价值体系是兴国之魂，决定着中国特色社会主义发展方向。要深入开展社会主义核心价值体系学习教育，用社会主义核心价值体系引领社会思潮、凝聚社会共识。推进马克思主义中国化时代化大众化，坚持不懈用中国特色社会主义理论体系武装全党、教育人民……广泛开展理想信念教育，把广大人民团结凝聚在中国特色社会主义伟大旗帜之下。大力弘扬民族精神和时代精神，深入开展爱国主义、集体主义、社会主义教育，丰富人民精神世界，增强人民精神力量。倡导富强、民主、文明、和谐，倡导自由、平等、公正、法治，倡导爱国、敬业、诚信、友善，积极培育和践行社会主义核心价值观。①

同时，新时代中国经济社会发展站在了一个新的历史起点上，面临多样化的利益诉求、多样化的社会思潮、多样化的价值观念，迫切需要精神旗帜、思想导向和价值引领。2014 年 10 月 15 日，习近平在文艺工作座谈会上的讲话中指出：

改革开放以来，我国经济发展很快，人民生活水平提高也很快。同时，我国社会正处在思想大活跃、观念大碰撞、文化大交融的时代，出现了不少问题。其中比较突出的一个问题就是一些人价值观缺失，观念没有善恶，行为没有底线，什么违反党纪国法的事情都敢干，什么缺德的

---

① 《十八大以来重要文献选编》（上），中央文献出版社 2014 年版，第 24—25 页。

勾当都敢做，没有国家观念、集体观念、家庭观念，不讲对错，不问是非，不知美丑，不辨香臭，浑浑噩噩，穷奢极欲。现在社会上出现的种种问题病根都在这里。这方面的问题如果得不到有效解决，改革开放和社会主义现代化建设就难以顺利推进。[①]

社会主义核心价值观整合和凝结了中国不同社会阶层、群体、个体的价值目标和价值取向，形成了全社会的"最大公约数"，为中国经济社会的发展进步确立了共同奋斗的价值目标、共同追求的价值取向和共同遵循的价值准则，为价值主体提供了规范行为的基本框架，设定了约束行为的道德底线，可以有效地帮助人们避免由于各种急剧变动而带来的恐慌和焦虑，有效控制和把握自己的思想和行为，使人们的思想和行为知其所趋、知其所向。

同时，倡导积极培育和践行社会主义核心价值观，也有利于人们在价值追求和价值实践的过程中，不断地纠正与社会主义核心价值观不相符合的价值偏差和价值失误，朝着倡导的价值目标前进。社会主义核心价值观有利于引领人们逐步摆脱物欲层面的蝇营狗苟，把自己的价值追求融入民族、国家的价值目标之中，进而在实现民族、国家价值目标的同时实现自己的人生价值，获得对自己行为合理性的自信心、使命感、荣誉感和神圣感。

中国共产党成立 100 年以来，伟大建党精神、中国精神、民族精神和时代精神，为社会主义核心价值观提供了强大的精神积累，

---

① 《十八大以来重要文献选编》（中），中央文献出版社 2016 年版，第 133—134 页。

奠定了坚实的精神基础，共同为推进新时代中国社会的发展进步和中国式现代化建设提供了强大精神动力和精神支撑。在庆祝中国共产党成立 100 周年之际，习近平指出，一百年来中国共产党弘扬伟大建党精神，在长期奋斗中构建起中国共产党人的精神谱系，锤炼出鲜明的政治品格。中国共产党人的精神谱系，是社会主义核心价值观的鲜活体现。

2021 年 9 月 30 日，在中华人民共和国成立 72 周年之际，中共中央批准了中共中央宣传部梳理的第一批纳入中国共产党人精神谱系的伟大精神，并予以发布。第一批纳入中国共产党人精神谱系的伟大精神包括：

新民主主义革命时期：建党精神；井冈山精神、苏区精神、长征精神、遵义会议精神、延安精神、抗战精神、红岩精神、西柏坡精神、照金精神、东北抗联精神、南泥湾精神、太行精神（吕梁精神）、大别山精神、沂蒙精神、老区精神、张思德精神。

社会主义革命和建设时期：抗美援朝精神、"两弹一星"精神、雷锋精神、焦裕禄精神、大庆精神（铁人精神）、红旗渠精神、北大荒精神、塞罕坝精神、"两路"精神、老西藏精神（孔繁森精神）、西迁精神、王杰精神。

改革开放和社会主义现代化建设新时期：改革开放精神、特区精神、抗洪精神、抗击"非典"精神、抗震救灾精神、载人航天精神、劳模精神（劳动精神、工匠精神）、青藏铁路精神、女排精神。

中国特色社会主义新时代：脱贫攻坚精神、抗疫精神、"三牛"精神、科学家精神、企业家精神、探月精神、新时代北斗精神、丝路精神。

中国共产党人的精神谱系，集中彰显了中华民族和中国人民长期以来形成的伟大创造精神、伟大奋斗精神、伟大团结精神、伟大梦想精神，彰显了一代又一代中国共产党人"为有牺牲多壮志，敢教日月换新天"的爱国主义精神和奋斗精神，彰显了社会主义核心价值观的内在价值本质和价值原则，与社会主义核心价值观相辅相成，形成有机统一的整体。

新时代的中国在全社会大力弘扬和践行社会主义核心价值观，使之像空气一样无处不在、无时不有，成为全体人民的共同价值追求，成为每一个中国人的独特精神支柱，成为百姓日用而不觉的价值引领和行为准则，必将推动新时代中国社会的发展进步。

（二）全面建设现代化强国的精神动力

一个民族和国家的共同理想信念，既包括共同的奋斗目标，也包括共同的价值追求。共同的奋斗目标是对建设更加幸福美好社会的远景蓝图，共同的价值追求是对建设更加进步美好社会的价值引领。新时代中国特色社会主义的共同奋斗目标，就是实现全面建成富强民主文明和谐美丽的社会主义现代化强国和中华民族伟大复兴中国梦；新时代中国特色社会主义的共同价值追求，就是坚持社会主义核心价值体系，积极培育和践行社会主义核心价值观。共同的理想信念与共同的价值追求相辅相成、相得益彰，共同发挥着精神引领作用。

全面建成社会主义现代化强国和实现中华民族伟大复兴中国梦，是新时代中国特色社会主义建设的宏伟目标，是一个需要长期奋斗的过程，不可避免地遭遇一个又一个难以预料的困难和挑战，需要强大而持久的精神动力和精神支撑。要动员、激励、团结全体中国人民为实现中国梦而持续奋斗，必须有广泛的价值共识和共同的价值追求，尤其离不开强大的思想保证和精神动力。人民有信仰，国家才有力量，民族才有希望。这其中，核心价值体系和核心价值观是一个关键要素。历史发展表明，凡是在世界民族之林拥有一席之地的民族，在思想道德文化上既有对内的强大渗透力感召力凝聚力，又有对外的较强辐射力传播力影响力。

宪法是国家根本大法，是把社会主义核心价值观融入法治建设的最高体现。2018 年 3 月，十三届全国人大一次会议新修订的宪法第二十四条第二款明确规定"国家倡导社会主义核心价值观"。中国宪法倡导把社会主义核心价值观融入法治建设，必将为在全社会积极培育和践行社会主义核心价值观，更好构筑中国精神、中国价值、中国力量，进而为人民提供精神指引提供强有力的法治保障。

社会主义核心价值观高度概括和集中反映了当代中国时代精神的"精华"，指明了当代中国社会发展的前进方向和进步趋势，处于中国社会主义价值体系的中心地位，具有极大的引导力感召力凝聚力，对全社会的价值观念起着整合、协调和引领的作用。同时，社会主义核心价值观在中国特色社会主义发展进程中也必将起着指引航向、凝聚人心、焕发力量的作用。正是遵循着社会主义核心价值观的价值导引，人们朝着共同的价值目标、沿着共同的价值取向、遵循共同的价值准则而团结奋斗。通过整合、协调和引领社会成员千差万别的价值判断、价值选择、价值取向和价值追求，最终形成整个民族、国家普遍认同的价值理想和价值信仰，从而振奋人们的精气神，凝聚和激发全体人民的精神力量。

在全社会大力培育和践行社会主义核心价值观，用共同的奋斗目标激发国家斗志，用共同的理想信念凝聚民族意志，用共同的价值追求激发中国力量，必将引领全体中国人民为到 2035 年基本实现社会主义现代化而共同奋斗。

（三）创造人民美好生活的精神家园

物质贫乏不是社会主义，精神空虚也不是社会主义。中国式现代化道路不仅要建设物质富裕的现代化，也要建设精神富裕的现代化。

每个人、每个民族都需要一片可以安顿心灵的栖息地，没有这样一片心灵港湾，人就不成其为人，这也是人与动物的本质区别。动物只求生理欲望的满足，有吃有喝就满足了，可人不行。在满足生理欲望的基础上，人还必须有某种心灵寄托和精神慰藉，有一个崇高的精神世界。

核心价值观通过设立一个民族、国家共同的价值目标、一个社会共同的价值取向、全体成员共同遵循的价值准则，为价值主体提供一种超越现实的价值理想和价值信仰，并把它同人们改造现实世界的实践任务紧密结合，既反映现实又超越现实，成为引导人们进行价值追求和价值实践的价值"航标"。一个民族、国家坚守的价值体系和核心价值观，就是每个人、每个民族安顿心灵的地方，就是人的"安身立命之所"。

　　自古以来，中华民族就是一个没有西方式宗教的民族，人们在现实世界中寻找人生的价值和意义，不是向外寻求人生的价值，而是把人生的价值寄寓于日常生活之中。"夫妇之愚，可以与知焉，及其至也，虽圣人亦有所不知焉。""堂上二老是活佛，何须灵山朝世尊。"在中国古代，以儒释道为主体的中华文化构筑起了中华民族的心灵家园，让中华儿女心灵有所归属，获得人生的价值感。

　　文化是一个民族的精神血脉，是人民的精神家园。中国特色社会主义文化，源自于中华民族五千多年文明历史所孕育的中华优秀传统文化，熔铸于中国共产党领导人民在革命、建设、改革中创造的革命文化和社会主义先进文化，植根于中国特色社会主义伟大实践，是全体中国人民共同的精神家园。社会主义核心价值体系和核心价值观，传承了中华文化的精神血脉，是中国特色社会主义文化的本质体现，是中国人民的精神滋养，为中国人民提供了安身立命的心灵港湾和精神寓所，为避免由于生活目的的失落和彷徨而产生各种焦虑和恐慌，找到了"精神安顿"和"精神安宁"之所。

　　习近平说："核心价值观，其实就是一种德，既是个人的德，也是一种大德，就是国家的德、社会的德。国无德不兴，人无德不立。如果一个民族、一个国家没有共同的核心价值观，莫衷一是，行无依归，那这个民族、这个国家就无法前进。这样的情形，在我国历史上，在当今世界上，都屡见不鲜。"①社会主义核心价值观尊崇道德、高扬道德、坚守道德，代表了中华民族所追求的美好崇高的道德境界，是中华民族的希望所寄，展现了中国人道德发展的美

————————

① 《习近平谈治国理政》，外文出版社 2014 年版，第 168 页。

好前景，确立了当代中国人伦理道德的根基，为新时代中国人的人生问题提供了根本解答，为每个人的人生发展提供了基本遵循。

通过教育引导、舆论宣传、文化熏陶、实践养成、制度保障等，在全社会使社会主义核心价值观内化为人们的精神追求、外化为人们的自觉行动，必然为到 2035 年基本实现社会主义现代化筑起人们美好幸福生活的精神家园。

（四）彰显中华民族独特的精神标识

一个民族、国家的核心价值观的独立性与自信，构成一个民族、国家的价值支撑和文化符号，构成一个民族、国家现代化的精神内核。如果缺乏核心价值观的独立性与自信，一个民族、国家就没有赖以维系的精神纽带，就没有共同的思想道德基础，必将失去"精神自我"，沦落为失去根基、"失魂落魄"的民族、国家，也就无所谓现代化，从而也就难以自立于世界民族之林。独特的历史文化、独特的发展道路、独特的价值观念，是中华民族屹立于世界民族之林的根基，是当代中国人的底气，也是中国式现代化道路的精神基础。

由于自然条件和发展历程不同，不同民族、不同国家形成的核心价值观各有特点。一个民族、一个国家的核心价值观，必须同这个民族、这个国家的历史文化相契合，同这个民族、这个国家的人民正在进行的奋斗相结合，同这个民族、这个国家需要解决的时代课题相适应。在当代中国，中华民族应该坚守的核心价值观就是社会主义核心价值观。社会主义核心价值观把国家富强、民族复兴和人民幸福有机统一了起来，把社会个体的具体价值追求和国家的价值目标、社会的价值取向更好地联结了起来，把社会进步和人的精神追求转化为全体中国人民的共同价值追求，最大限度地整合了各利益相关者及行为主体的积极性主动性创造性，让全国各族人民"拧成一股绳"，汇聚起全面建设社会主义现代化国家和实现中华民族伟大复兴中国梦的磅礴力量。

社会主义核心价值观渊源于具有五千多年文明历史的中华优秀传统文化。在五千多年的文明发展进程中，中华民族创造了博大精深的中华文化，积淀着中华民族最深沉的精神追求，包含着中华民族最根本的精神基因，代表着中华民族独特的精神标识，是中华民族生生不息、团结奋进、发展壮大的丰厚滋养和精神支撑，是中华民族的突出优势，是最深厚的文化软实力。中华民族独特的精神标识和生活悠久的精神世界，让中华民族具有很强的民族自尊心、自信心和自豪感。

新时代中国建设社会主义先进文化，积极培育和践行社会主义核心价值观，与中华民族几千年来形成的中华优秀传统文化、独特的价值体系与核心价值观、独特的精神标识和悠久的精神世界是一脉相承的，是对中华民族几千年波澜壮阔历史的凝结，是对中华民族崇高民族精神的提炼，是对中国共产党人精神谱系的升华，为中华民族每一个个体提供了可供遵循的共同价值追求。

习近平说："我们生而为中国人，最根本的是我们有中国人的独特精神世界，有百姓日用而不觉的价值观。"[1]新时代在中国的大

---

① 《习近平谈治国理政》，外文出版社 2014 年版，第 171 页。

地上形成和发展起来的社会主义核心价值观，意味着中华民族铸就起了自己的精神独立性。如果没有这种精神独立性，政治、思想、文化、制度等方面的独立性就会被釜底抽薪。确立社会主义核心价值观及其自信，是中国特色社会主义道路自信、理论自信、制度自信和文化自信的深层要素，是保持中华民族精神独立性的重要支撑。有了这样的价值目标、价值追求和价值准则，中华民族就会选择这样的发展道路、形成这样的理论体系、建立这样的制度模式。

社会主义核心价值观指明了新时代中国经济社会发展的前进方向和追求目标，为中国人民的思想和行动赋予了道德崇高性和道义正当性，为中国式现代化道路提供了独特精神标识和强大精神支撑。

五、中国共产党的全面坚强领导提供政治保证

中国共产党的领导，是中国特色社会主义最本质的特征，是中国特色社会主义制度的最大优势。正是在中国共产党的集中统一全面领导下，中华民族取得了伟大复兴征程上的一个又一个历史性胜利。党政军民学，东西南北中，党是领导一切的。中国共产党十九大把"坚持党对一切工作的领导"作为新时代坚持和发展中国特色社会主义基本方略的首要方略，这对于确保中国共产党在新时代坚持和发展中国特色社会主义的历史进程中始终成为坚强的领导核心，成为到 2035 年基本实现社会主义现代化的坚强领导力量，提供了政治保证。

（一）中国共产党领导核心地位提供坚强领导作用

一个国家、一个政党，领导核心至关重要。马克思主义认为，在社会主义运动中必须坚持共产党的领导，坚持党的核心领导尤其重要。在《共产党宣言》中，马克思恩格斯说，共产党人是各国工人政党中最坚决的、始终起推动作用的部分，对于无产阶级解放事业具有领导和推动作用。列宁进一步发展了马克思主义的党建学说，系统阐述了造就一个坚强有力的共产党的至关重要的领导作用。

中国共产党作为马克思主义政党，自成立之日起就致力于推动中国的社会主义革命和建设事业，致力于"为中国人民谋幸福，为中华民族谋复兴"的初心和使命，成长为中国人民和中华民族的坚强领导核心。在中国革命、建设和改革开放的历史进程中，毛泽东、邓小平等中国共产党的领导核心都深入阐发了坚持中国共产党的领导的极端重要性。

> 三次革命的经验，尤其是抗日战争的经验，给了我们和中国人民这样一种信心：没有中国共产党的努力，没有中国共产党人做中国人民的中流砥柱，中国的独立和解放是不可能的，中国的工业化和农业近代化也是不可能的。[①]
> 中国共产党是全中国人民的领导核心。没有这样一个核心，社会主义事业就不能胜利。[②]

---

① 《毛泽东选集》第三卷，人民出版社 1991 年版，第 1097—1098 页。
② 《毛泽东文集》第七卷，人民出版社 1999 年版，第 303 页。

关键在于党的领导。过去的革命问题解决得好不好，关键在于党的领导，现在的建设问题解决得好不好，关键也在于党的领导。①

在中国，在五四运动以来的六十年中，除了中国共产党，根本不存在另外一个像列宁所说的联系广大劳动群众的党。没有中国共产党，就没有社会主义的新中国。②

中国共产党是中国工人阶级的先锋队，同时也是中国人民和中华民族的先锋队。中国革命、建设和改革的实践都雄辩地证明，什么时候坚持中国共产党的领导，中国革命、建设和改革开放的事业就比较快地发展，就胜利前进；什么时候弱化中国共产党的领导，国家和人民的根本利益就会受到损害，事业发展就会发生失误乃至错误，遭遇挫折，受到损害。

随着当今世界经历百年未有之大变局和中国社会主要矛盾发生转化，特别是随着中国式现代化建设的深入发展和国际地位的提升，必将面临诸多难以预料的挑战、困难和障碍，越来越多的挑战可能变得更为复杂更为敏感，越来越多的难题可能牵一发而动全身，越来越多的困难有可能关涉国内国际"两个大局"，如果没有一个坚强有力的领导核心，是不可想象的。中国共产党十九大指出："推进伟大工程，要结合伟大斗争、伟大事业、伟大梦想的实践来进行，确保党在世界形势深刻变化的历史进程中始终走在时代前列，在应对国内外各种风险和考验的历史进程中始终成为全国人

---

① 《邓小平文选》第一卷，人民出版社 1994 年版，第 264 页。
② 《邓小平文选》第二卷，人民出版社 1994 年版，第 170 页。

民的主心骨，在坚持和发展中国特色社会主义的历史进程中始终成为坚强领导核心。"①

中国式现代化道路走向成功的关键，就在于坚持中国共产党对一切工作的领导。只要拥有中国共产党的全面坚强领导，始终坚持中国共产党的核心领导地位和真正发挥中国共产党总揽全局、协调各方的领导作用，在中国式现代化建设的进程中就能应对这样那样的风险挑战，甚至是难以想象的惊涛骇浪，确保"中国号"这艘巨轮破浪前行。就有充分理由相信，到 2035 年就能基本实现社会主义现代化。

（二）坚持党对一切工作的领导提供科学领导方略

中国共产党十八大以来，以习近平同志为核心的党中央高度重视全面从严治党，把保证全党服从中央、坚决维护党中央权威和集中统一领导作为中国共产党政治建设的首要任务来抓，确立了习近平同志这个党中央的核心、全党的核心，有力增强了中国共产党的领导能力和执政能力。"坚持党对一切工作的领导"是新时代中国特色社会主义的命脉所在，也是中华民族的根本利益所在、中国人民的生活幸福所在。习近平说：

> 坚持和加强党的全面领导，首先要维护党中央权威和集中统一领导。保证全党令行禁止，是党和国家前途命运

---

① 《习近平谈治国理政》第三卷，外文出版社 2020 年版，第 14 页。

所系，是全国各族人民根本利益所在。……维护党中央权威和集中统一领导，是我国革命、建设、改革的重要经验，是一个成熟的马克思主义执政党的重大建党原则。①

我们党要始终成为时代先锋、民族脊梁，始终成为马克思主义执政党，自身必须始终过硬。全党要更加自觉地坚定党性原则，勇于直面问题，敢于刮骨疗毒，消除一切损害党的先进性和纯洁性的因素，清除一切侵蚀党的健康肌体的病毒，不断增强党的政治领导力、思想引领力、群众组织力、社会号召力，确保我们党永葆旺盛生命力和强大战斗力。②

拥有中国共产党坚强有力的领导，确保党中央权威和集中统一领导，为到 2035 年基本实现社会主义现代化提供了坚强的领导力量和科学的领导方略。

马克思主义经典作家认为，共产党组织之所以能够超越其他一般政党，展现出卓越的领导力凝聚力战斗力，关键就在于坚持共产党的全面集中统一领导。1850 年 8 月，当共产主义者同盟中出现分裂活动时，马克思恩格斯在《中央委员会告共产主义者同盟书》中指出："革命活动只有在集中的条件下才能发挥自己的全部力量。……目前在德国实行最严格的中央集权制是真正革命党的任务。"③ 在总结巴黎公社的经验时，恩格斯又深刻指出："巴黎公社

---

① 《习近平谈治国理政》第三卷，外文出版社 2020 年版，第 84 页。
② 《习近平关于总体国家安全观论述摘编》，中央文献出版社 2018 年版，第 39 页。
③ 《马克思恩格斯全集》第 7 卷，人民出版社 1959 年版，第 297—298 页。

遭到灭亡，就是由于缺乏集中和权威。……为了进行斗争，我们必须把我们的一切力量捏在一起，并使这些力量集中在同一个攻击点上。"① 列宁在创建坚强有力的共产党组织的过程中，首先强调的就是民主集中制，强调要"实行彻底的集中制和坚决扩大党组织内的民主"②。

在带领中国人民创造中国式现代化道路的过程中，中国共产党之所以具有强大凝聚力战斗力，就在于不断加强和改善中国共产党的集中统一领导，在于具有强大的政党组织和中央权威。从共产党的组织结构来看，贯彻的是集中指导下的民主和民主基础上的集中，从中央到基层党组织层层紧密相连，整个组织的运转流通依靠的正是中央这个中枢和动脉，可以说中央能够集中权威号令各方，整个组织也就能够坚强有力地通畅运行。事实上，中国共产党之所以一直能够保持高效运转，也正是一贯以来注意强化组织建设，特别是维护党中央权威。列宁深刻指出："在现代的文明国家内，阶级通常是由政党来领导的；政党通常是由最有威信、最有影响、最有经验、被选出担任最重要职务而称为领袖的人们所组成的比较稳定的集团来主持的。这都是起码的常识。"③ 如今中国共产党是一个有着9500多万名党员的大党，越是发展壮大，越要强化中央权威和中国共产党的全面集中统一领导，锻造出坚强的领导核心。

美国政治学家塞缪尔·亨廷顿曾深入研究世界政党在推动现代化进程中发挥的作用。他认为，判断一个政党体制的力量，主要

---

① 《马克思恩格斯选集》第4卷，人民出版社1995年版，第606页。
② 《列宁全集》第9卷，人民出版社1959年版，第275页。
③ 《列宁选集》第4卷，人民出版社1972年版，第197—198页。

看其在现代化进程中同化动员起来的新兴社会势力的能力。他说："不过就政治发展而言，重要的不是政党的数量而是政党制度的力量和适应性。政治稳定的先决条件在于有一个能够同化现代化过程所产生出来的新兴社会势力的政党制度。"① 亨廷顿通过对各国政党发展的历史考察，发现在落后国家（如识字率在 70% 以下的现代化程度较低的国家），一党制比多党制更趋于稳定，除少数例外，多党制几乎都发生政变。对于落后国家来说，政党数量与其稳定性呈现反比例关系。因此，对于现代化进程中的国家来说，一党制优于多党制。

1893 年 10 月 12 日，恩格斯在致奥·倍倍尔的信中曾谈到什么样的政党是不可战胜的。他说：

> 一个知道自己的目的，也知道怎样达到这个目的的政党，一个真正想达到这个目的并且具有达到这个目的所必不可缺的顽强精神的政党，——这样的政党将是不可战胜的，特别是在当前这样的情况下，如果它的一切要求都符合本国经济发展的需要，而且正是这种经济发展的政治表现的话，那就更是如此。②

中国共产党十九大清晰地勾画出了中国共产党领导中国人民全面建设社会主义现代化强国的"时间表"和"路线图"。这表明，

---

① ［美］亨廷顿：《变化社会中的政治秩序》，王冠华等译，生活·读书·新知三联书店 1989 年版，第 388 页。

② 《马克思恩格斯全集》第 39 卷，人民出版社 1974 年版，第 139 页。

中国共产党始终有着清晰的奋斗目标，始终坚持最高纲领和最低纲领的有机统一，表明中国共产党是一个不可战胜的政党。同时，这也要求中国共产党必须善于学习、勇于创新、不懈进取，不断提高自我净化、自我完善、自我革新、自我提高的能力，从而把自己建设成为世界上最强大的执政党，确保到 2035 年基本实现社会主义现代化。

（三）坚持群众路线提供全面建设现代化的制胜法宝

"民心是最大的政治，正义是最强的力量。"① 古今中外，无数历史都证明，"民心所向"对事业发展具有决定性意义，"得民心者得天下"。

共产党领导的社会主义事业之所以是正义的事业、伟大的事业，正是因为它是代表人民群众根本利益的事业，一刻都不能离开人民群众。马克思恩格斯在《共产党宣言》中明确指出：

> 他们没有任何同整个无产阶级的利益不同的利益。……共产党人同其他无产阶级政党不同的地方只是：一方面，在无产者不同的民族的斗争中，共产党人强调和坚持整个无产阶级共同的不分民族的利益；另一方面，在无产阶级和资产阶级的斗争所经历的各个发展阶段上，共

---

① 习近平：《在第十八届中央纪律检查委员会第六次全体会议上的讲话》，人民出版社2016年版，第6页。

产党人始终代表整个运动的利益。①

中国共产党自成立以来，始终坚守"为中国人民谋幸福，为中华民族谋复兴"的初心和使命，以实现"中国人民的幸福梦"为己任，致力于人民对美好生活的向往就是自己的奋斗目标，始终坚守"与人民心心相印、与人民同甘共苦、与人民团结奋斗"②的赤子之心，彰显了博大的人民情怀、深切的爱国情怀和深远的民族情怀。中国共产党深深地知道，人民是历史的创造者，是真正的英雄，是推动中国革命、建设、改革事业的生力军，是全面建成社会主义现代化强国的实现力量。离开人民群众，什么事也干不成。

毛泽东曾说："共产党是为民族、为人民谋利益的政党，它本身决无私利可图。它应该受人民的监督，而决不应该违背人民的意旨。它的党员应该站在民众之中，而决不应该站在民众之上。"③他曾形象、深刻地阐发中国共产党同国民党、同古今中外一切统治者的区别。他说：

> 国民党也需要老百姓，也讲"爱民"。不论是中国还是外国，古代还是现在，剥削阶级的生活都离不了老百姓。他们讲"爱民"是为了剥削，为了从老百姓身上榨取东西，这同喂牛差不多。喂牛做什么？牛除耕田之外，还有一种用场，就是能挤奶。剥削阶级的"爱民"同爱牛差不多。

---

① 《马克思恩格斯选集》第 1 卷，人民出版社 1995 年版，第 285 页。
② 《十八大以来重要文献选编》（上），中央文献出版社 2014 年版，第 554 页。
③ 《毛泽东选集》第三卷，人民出版社 1991 年版，第 809 页。

我们不同，我们自己就是人民的一部分，我们的党是人民的代表，我们要使人民觉悟，使人民团结起来。在这个问题上，我们同国民党是对立的，一个要人民，一个脱离人民。①

共产党人的一切言论行动，必须以合乎最广大人民群众的最大利益，为最广大人民群众所拥护为最高标准。②

坚持群众路线，一直是中国共产党从胜利走向胜利的重要法宝。在长期的革命、建设和改革的发展过程中，中国共产党对群众路线有了深刻总结，就是一切为了群众，一切依靠群众，从群众中来，到群众中去，把中国共产党的正确主张变为群众的自觉行动。可以说，中国共产党不断从胜利走向新的胜利，其根本所在就源于始终坚持中国共产党的群众路线，始终代表最广大人民根本利益，始终坚持人民主体地位，形成了党与人民的利益共同体、命运共同体。在中国全面建设社会主义现代化，代表了中国人民和中华民族的根本利益，是中国人民和中华民族的正义事业和美好愿望。

中国共产党十八大以来，以习近平同志为核心的党中央始终坚持人民立场是中国共产党的根本政治立场，是马克思主义政党区别于其他政党的显著标志，把是否代表人民群众的根本利益当作检验一切工作成效的试金石，把人民拥护不拥护、赞成不赞成、支持不支持、高兴不高兴、答应不答应作为衡量一切工作得失的根本标准，把党与人民风雨同舟、生死与共，始终保持血肉联系看作是中

① 《毛泽东文集》第三卷，人民出版社 1996 年版，第 57—58 页。
② 《毛泽东选集》第三卷，人民出版社 1991 年版，第 1096 页。

国共产党战胜一切困难和风险的根本保证。习近平指出，在任何时候任何情况下，中国共产党与人民同呼吸共命运的立场不能变，全心全意为人民服务的宗旨不能忘，群众是真正英雄的历史唯物主义观点不能丢。他说：

> 我们党是在同人民群众的密切联系中成长、发展、壮大起来的。人民是党的力量之源和胜利之本。没有人民的支持，党就不可能生存和发展，就一事无成。因此，密切联系群众是我们党的最大优势。我们任何时候都不能削弱和丢掉这个优势，否则党的一切工作就会成为无源之水、无本之木，就会招致挫折和失败。①

坚持群众路线，就是要求每一个共产党员都要尊重人民主体地位，尊重人民首创精神，坚持问政于民、问需于民、问计于民，真诚倾听群众呼声，真实反映群众愿望，真情关心群众疾苦，解决前进道路上的各种矛盾和问题；必须尊重群众的智慧和首创精神，拜人民为师，使政治智慧的增长、执政本领的增强深深扎根于人民的创造性实践之中。

中国共产党十九届六中全会通过的《中共中央关于党的百年奋斗重大成就和历史经验的决议》指出：

> 党代表中国最广大人民根本利益，没有任何自己特殊

---

① 《十七大以来重要文献选编》（下），中央文献出版社 2013 年版，第 1024—1025 页。

的利益，从来不代表任何利益集团、任何权势团体、任何特权阶层的利益，这是党立于不败之地的根本所在。只要我们始终坚持全心全意为人民服务的根本宗旨，坚持党的群众路线，始终牢记江山就是人民、人民就是江山，坚持一切为了人民、一切依靠人民，坚持为人民执政、靠人民执政，坚持发展为了人民、发展依靠人民、发展成果由人民共享，坚定不移走全体人民共同富裕道路，就一定能够领导人民夺取中国特色社会主义新的更大胜利，任何想把中国共产党同中国人民分割开来、对立起来的企图就永远不会得逞。①

新时代中国人民对美好生活有了更高层次、内涵更加丰富的需求，这既对中国共产党领导的中国特色社会主义事业提出了更高要求，也对中国式现代化道路提出了更加明确的努力方向。改革开放 40 多年来，中国共产党坚持以人为本，坚持以人民为中心，不断改进领导方式和执政方式，科学执政、民主执政、依法执政的能力显著增强，适应实践、适应时代、适应人民要求的能力不断提高，积累了一系列管党治党、以人民为中心的治国理政新理念新思想新战略，在带领中国人民到 2035 年基本实现社会主义现代化的过程中，一定能够传承和发扬好中国共产党的优良传统和制胜法宝，更好地密切联系群众，在全面建设社会主义现代化国家的新征程上行稳致远，为到 2035 年如期基本实现社会主义现代化提供正确的路线保障。

---

① 《中共中央关于党的百年奋斗重大成就和历史经验的决议》，《人民日报》2021 年 11 月 17 日。

六、中国仍处于大有可为的重要战略机遇期

新时代中国特色社会主义事业的发展要赢得主动、赢得优势、赢得未来，必须科学判断形势，准确确定历史方位，敏锐发现机遇，并紧紧抓住和用好机遇。中国共产党十九大指出："当前，国内外形势正在发生深刻复杂变化，我国发展仍处于重要战略机遇期，前景十分光明，挑战也十分严峻。"[1] 这是一个具有重要战略意义的基本判断，是中国共产党全面分析国内外形势和新时代中国面临的历史任务而得出的重要结论。中国发展仍处于大有可为的重要战略机遇期，对于进一步创造中国式现代化道路、到 2035 年基本实现社会主义现代化至关重要，是关乎"两个阶段"战略安排的时代前提，为未来中国经济社会发展坚定信心、把握主动提供了战略定力。

（一）新时代中国改革发展稳定的大局态势良好

所谓"战略机遇期"，是指有利于一个国家发展战略实施的历史阶段及其国际国内环境、历史背景和时代条件。是否进入战略机遇期往往是国际国内环境、历史背景和时代条件三者相互作用、综合作用的结果。它有这样一些特点：一是在时间上比一般的机遇期相对更长，能给战略实施提供更多机遇和更长回旋时间；二是在空间上比一般的机遇期相对更广，能给战略实施提供更多的有利条件

---

[1]　《习近平谈治国理政》第三卷，外文出版社 2020 年版，第 2 页。

和回旋余地；三是在影响上比一般的机遇期相对面大，对战略实施和实现战略目标的影响带有根本性、全局性和整体性。

全面建设社会主义现代化国家，是中华民族和中国人民近代以来的百年期盼与不懈追求。到 2035 年基本实现社会主义现代化，是实现这一宏伟目标的历史基础中的重要阶段，如果能抓住、用好、维护中国所处于的重要战略机遇期，积极作为，按规划有步骤地实现既定目标，那么中国特色社会主义事业将会跃上一个新台阶，中国式现代化道路将展现出更加光明的前景。反之，如果丧失这一重要战略机遇期，中国式现代化道路将可能遭遇重大挫折，中国特色社会主义事业将可能遭受重大损失，很可能就会与实现中华民族伟大复兴中国梦失之交臂。

从国内发展看，新时代中国改革发展稳定的大局态势良好，仍处于并将长期处于重要战略机遇期。

首先，习近平新时代中国特色社会主义思想的形成为中国式现代化道路指明了前进方向，提供了政治纲领和行动指南；中国共产党十九大作出的战略安排，使中国式现代化道路的发展战略部署更加具体化，为中国式现代化道路的行稳致远提供了思想指导、政治保障和具体路径。

其次，未来一段时期中国经济将继续保持中高速增长。中国的经济发展虽然进入攻坚期，经济运行稳中有变，经济下行压力有所加大，长期积累的风险隐患逐渐暴露，面临不少困难、挑战和诸多不确定因素，不可能重回过去那种高速增长状态，但是仍将继续保持中高速增长。新时代中国经济的供给侧结构性改革在深入推进，经济结构在持续优化，经济增长的质量在稳步上升，国际竞争力在逐步增强，数字经济蓬勃发展，高铁、公路、桥梁、港口、机场等基础设施建设快速推进，中国巨大的市场对经济发展的拉动效应正在不断显现，中国经济发展健康稳定的基本面没有改变，支撑高质量发展的生产要素条件没有改变，长期稳中向好的总体发展势头没有改变。

最后，全面深化改革为进一步解放中国社会生产力提供了新动力。新时代中国将坚定不移地继续实施全面深化改革、扩大对外开放的战略决策，必将为中国经济社会发展带来新机遇，以改革开放的新突破带来社会生产力的大跃升。全球新一轮的科技革命和产业变革浪潮，必将为提升中国的科技创新能力带来新机遇，在关键核心技术创新上取得重大突破；加快经济结构优化升级和建立现代化经济体系，必将为构建中国面向未来的经济结构带来新机遇，为中国经济发展增添新动能；建设美丽中国和健康中国，必将为加快中国绿色发展带来新机遇，为加大生态文明建设力度和推动中国经济可持续发展创造条件；参与全球经济治理体系变革，必将为推动中国建设开放型世界经济带来新机遇，为中国经济发展营造更好的国际环境；等等。这些都为抓住、用好、维护中国发展的重要战略机遇期、到 2035 年基本实现社会主义现代化提供必要的时代前提条件。

改革发展稳定是中国式现代化道路行稳致远的重要支撑。没有改革发展稳定，全面建设社会主义现代化强国就是一句空话。正确处理改革发展稳定三者的关系，是总揽全局、保证经济社会顺利发展的重要前提。改革开放以来，中国共产党十分重视处理好三者的关系，改革之所以能够顺利推进、铸就辉煌成就，也得益于正确认识和处理三者的关系。邓小平说："改革是中国的第二次革命"，"发展才是硬道理"，"稳定压倒一切"，深刻表明了改革、发展、稳定是中国式现代化道路的三个重要支点，三者缺一不可。改革是一场深刻的社会变革，必然要求进行利益调整、体制转换和观念更新，因此要始终正确把握改革发展稳定的关系，这是总揽中国式现代化进程全局的前提，是中国式现代化道路的一项重要领导艺术。

中国共产党十八大以来，以习近平同志为核心的党中央提出"改革是经济社会发展的强大动力，发展是解决一切经济社会问题的关键，稳定是改革发展的前提"[①] 的科学论断，解决了许多长期想解决而没有解决的难题，办成了许多过去想办而没有办成的大事，维护并推进了来之不易的改革发展稳定的良好局面。2018 年 12 月 18 日，习近平在庆祝改革开放 40 周年大会上的讲话中说："我们既要敢为天下先、敢闯敢试，又要积极稳妥、蹄疾步稳，把改革发展稳定统一起来，坚持方向不变、道路不偏、力度不减，推动新时代改革开放走得更稳、走得更远。"[②]

在仍然大有可为的重要战略机遇期，中国的经济发展经过量的积累，正在迈入质的提升阶段，逐步转向高质量发展阶段，人民生活的获得感、幸福感、安全感不断提升，民族团结局面良好，社会整体安定有序。中国的经济社会发展虽然仍然面临诸多难题和挑战，但这些难题和挑战很多都是快速发展遗留的，都是发展之后产生的，只有也必须在新的发展中才能得以解决。改革发展稳定大局的良好态势，为到 2035 年基本实现社会主义现代化提供了巨大发展机遇。

---

① 《习近平关于社会主义社会建设论述摘编》，中央文献出版社 2017 年版，第 141 页。
② 《习近平谈治国理政》第三卷，外文出版社 2020 年版，第 189 页。

（二）新一轮科技革命和产业革命为中国发展带来新机遇

科学技术是第一生产力，当今世界正经历百年未有之大变局，其中最大变局之一就是新科技革命和产业革命正在酝酿之中。当今世界正处于信息技术、生物工程技术、智能技术向纵深发展的时期，人工智能、3D 打印、5G 通信等新技术不断涌现，在催生着新的工业革命。习近平说："与以往历次工业革命相比，第四次工业革命是以指数级而非线性速度展开。"[①]

世界经济论坛创始人、德国经济学家施瓦布在《第四次工业革命》一书中写道，第四次工业革命将产生极其广泛而深远的影响，包括会加剧不平等，特别是有可能扩大资本回报和劳动力回报的差距。全球最富有的 1% 人口拥有的财富量，超过其余 99% 人口财富的总和，收入分配不平等、发展空间不平衡令人担忧。但正是发展失衡的现实，使得全世界各国才有了实现更加均衡发展的共识。

新一轮科技革命和产业革命，为中国到 2035 年基本实现社会主义现代化带来了前所未有的新机遇。从历史发展看，自从世界兴起现代化运动以来，科技革命和产业革命一直是其中最活跃的动力部分，每一次科技革命都推动着产业革命，都推动着社会生产力和生产关系的重大变革。从 17 世纪科学革命兴起、18 世纪工业革命突进，到 19 世纪中下叶电科学和电气产业的突飞猛进，再到第二次世界大战后计算机和生命科学等的兴起，世界已历经三轮科技革命，经历了机械化、电气化、信息化的科技革命和产业革命浪潮。

---

① 《十八大以来重要文献选编》（下），中央文献出版社 2018 年版，第 572 页。

每一次浪潮的到来，都推动一批国家迅速实现现代化。英国、德国、美国、日本等国家，都是在前两轮科技革命和产业革命中拔得头筹并成为世界级大国的，第三轮科技革命更是为美国持续至今的超级大国地位奠定了雄厚的物质基础。

进入 21 世纪以来，世界科技发展呈现出更加活跃的态势，新兴学科不断涌现，学科交叉融合加速，诸多颠覆性技术不断涌现、新产业组织形态和商业模式层出不穷，世界正逐步进入高度信息化、网络化、智能化的发展阶段。据估计，在中国进入新时代至 2035 年基本实现社会主义现代化的这几十年时间里，新一代信息技术、生物技术、新能源技术、人工智能技术等将不断取得突破，将推动产业向智能化、网络化及绿色化方向演进和发展。

经过新中国成立 70 多年尤其是改革开放 40 多年的积累，中国科技进步和产业发展拥有了相当厚实的基础和巨大潜能，为把握住新一轮科技革命和产业革命的大好机遇创造了重要条件。改革开放以来，中国坚持"科学技术是第一生产力"，坚持科教兴国战略和创新驱动发展战略，一直高度重视科技创新，创新型国家建设取得了丰硕成果，天宫、蛟龙、天眼、悟空、墨子、大飞机等重大科技成果相继问世。中国共产党十九大进一步提出要加快建设创新型国家，瞄准世界科技前沿，强化基础研究，实现前瞻性基础研究、引领性原创成果重大突破；加强国家创新体系建设，深化科技体制改革，建立以企业为主体、市场为导向、产学研深度融合的技术创新体系；坚定创新自信，在独创独有上下功夫，强调要跟上甚至引领世界科技发展新方向，掌握新一轮全球科技竞争的战略主动，着力攻破关键核心技术，抢占事关长远和全局的科技战略制高点，推动科技成果转移转化，推动产业和产品向价值链中高端跃升，这必将为到 2035 年基本实现社会主义现代化提供强大的创新创造动能。

未来中国的发展，将进一步通过创新引领，深化供给侧结构性改革，加快建设制造强国，发展先进制造业；支持传统产业优化升级，加快发展现代服务业；促进中国产业迈向全球价值链中高端，培育世界级先进制造业集群；加强基础设施网络建设，推动工业化和信息化深度融合，形成结构优化、竞争力强的现代产业体系，加快构建现代化经济体系，推进中国经济高质量发展。

有研究指出，中国已有基础和条件充分抓住新一轮科技革命和产业革命为中国发展带来的新机遇。目前，中国已成为世界最大的工业生产国、工业制品出口国和制造业中心，连续多年稳居世界第一制造业大国地位，高铁、核电、工程机械和通信设备等领域已具备全球竞争力，形成了一大批具有国际竞争优势的骨干企业，500余种主要工业产品中有 220 多种产量位居世界第一；从工业化阶段的经验性判定指标看，当前中国总体上已处于工业化的中后期阶段（由工业化中期向后期过渡阶段）。工业化中期阶段的经济增长主要依靠资本投入，而工业化后期阶段则主要依靠技术进步和创新活动。这意味着未来 30 年在新一轮科技革命的驱动下，伴随技术创新的大规模爆发，中国工业化进程将加速推进。

在这一过程中，中国将通过坚持工业化与信息化、智能化相结合，实施新型再工业化战略，在基本实现工业化的基础上，预计到 2030 年前后中国将在总体上完成工业化并进入后工业化阶段。[1] 另

① 路红艳：《科技革命推动现代产业体系建设》，《中国国情国力》2018 年第 1 期。

据 2017 年麦肯锡全球研究院（MGI）发布的研究报告《中国数字经济如何引领全球新趋势》显示，当前中国拥有全球最活跃的数字化投资与创业生态系统，全球 1/3 的"独角兽"（估值超十亿美元的非上市初创公司）为中国企业。新的科技革命和产业形态正在重构世界经济秩序，中国改革开放 40 多年来的积累为参与并领跑新一轮经济发展作了充分准备。有理由相信，在新的经济动能推动下，到 2035 年基本实现社会主义现代化具有充分的可行性。

（三）从国际环境看中国也处于重要战略机遇期

中国正处在大有可为的战略机遇期，这是在对世界环境和国际背景的深刻考量之后作出的重大判断。随着中国经济实力、科技实力、国防实力、综合国力进入世界前列，中国正日益走近世界舞台中央，中国的国际地位和国际话语权得到前所未有的提升，中国将不断加强与世界各国的经济合作，实现与世界各国的互利共赢。在构建人类命运共同体理念的引领下，中国更加致力于中国特色的大国外交，与世界各国建立各种形式的友好伙伴关系，积极倡导并推动"一带一路"建设，大力推动经济全球化朝着更加开放、包容、普惠、平衡、共赢的方向发展。

中国主动塑造国际环境的重要举措，不仅有利于世界和平与发展，也有利于维护和延长中国发展的重要战略机遇期。从国际环境看，中国的经济发展也仍然处于重要战略机遇期，为到 2035 年基本实现社会主义现代化创造了良好的世界环境和国际条件。

首先，和平与发展的时代主题仍然没有改变。邓小平曾说：

"现在世界上真正大的问题，带全球性的战略问题，一个是和平问题，一个是经济问题或者说发展问题。"[①]当今世界虽然面临的不稳定性不确定性要素增加，世界经济增长的动能仍然不足，地区热点问题和冲突此起彼伏，霸权主义和强权政治依然盛行，贸易保护主义和逆全球化思潮抬头，但是和平与发展是时代主题并没有改变，合作共赢是大势所趋并没有改变。从经济方面看，经济全球化仍然是世界大势，构建更加合理稳定的世界市场和世界经济秩序仍然是主流；从政治方面看，世界多极化显著增强，西方大国主导的国际关系格局正在遭遇挑战，一大批亚非拉发展中国家、相关国际组织与非政府组织更加活跃；从文化方面看，世界各国不同文化间的相互交往交流交融正在日益加深，世界不同文明间的互动和联络更加活跃。当然，恐怖主义、移民问题、宗教极端主义、逆全球化、贸易保护主义等破坏性因素仍然存在，不少地区和国家仍然处于或参与局部战争，世界局面有一些不够明朗或不确定的成分存在，但总体而言，休戚与共、相互依赖仍然是人心所向、大势所趋，短时期内中国发展的战略机遇期仍然存在。

2018 年 11 月 17 日，习近平在亚太经合组织工商领导人峰会上发表主旨演讲，高屋建瓴、简明深刻地诠释了重要战略机遇期的新内涵，阐释了和平与发展这一时代主题的新内涵。他说：

> 当今世界正处于大发展大变革大调整时期。经济全球
> 化大潮滚滚向前，但保护主义、单边主义为世界经济增长

---

① 《邓小平文选》第三卷，人民出版社 1993 年版，第 105 页。

蒙上了阴影。新科技革命和产业变革蓄势待发，但增长新旧动能转换尚未完成。国际格局深刻演变，但发展失衡未有根本改观。全球治理体系加快变革，但治理滞后仍是突出挑战。①

其次，国家间相互制衡的局面正在形成。世界多极化、经济全球化、社会信息化、文化多样化深入发展，全球治理体系和国际秩序变革加速推进，中国的快速崛起和在世界各地区的多个发展中心逐渐形成，美国"一强独霸"的世界格局日益受到挑战，国际力量对比发生重大变化，更加有利于国际政治秩序的相互制衡，有利于朝着世界和平与发展的方向发展。特别是随着改革开放以来综合国力的提升，中国在世界外交舞台上争得了更大话语权，成为维护世界和平与发展环境的重要稳定力量。国际上，尤其是西方资本主义国家对中国的崛起，尽管在一定程度上存在误解甚至曲解，并试图遏制中国发展，但这也恰恰反映了中国综合国力的提升和国际地位的上升，中国完全有能力也有可能在经济、政治、安全、文化、生态等领域创造更好的国际机遇，为到 2035 年基本实现社会主义现代化创造良好的国际条件。

最后，构建人类命运共同体的大势不可逆转。在全球新一轮以信息技术、生物技术和智能技术等为标志的科技革命和产业变革进程中，世界各国的相互联系和相互依存日益加深，中国与世界各国的相互联动日益加强，发展中"你中有我，我中有你"的联系更加

---

① 习近平：《同舟共济创造美好未来——在亚太经合组织工商领导人峰会上的主旨演讲》，《人民日报》2018 年 11 月 18 日。

紧密，人类发展面临的共同的全球性问题，越来越需要世界各国共同参与、协商和解决。

【中国积极主动建构良好世界环境】

中国共产党十八大以来，中国积极主动提出构建人类命运共同体，在"一带一路"、亚投行、二十国集团峰会、"金砖组织"峰会等一系列倡议和活动中，以更加主动的姿态参与到良好世界环境的建设之中。

2015 年 9 月，习近平在联合国大会上提出建立"人类命运共同体"的宏大构想，积极主动引导世界携手建设更加美好的世界，在国际社会产生了重大影响，汇聚起越来越多和平发展的希望和力量。2017 年构建人类命运共同体的理念被载入联合国有关决议，被认为"是中国人着眼于维护人类长远利益的远见卓识"。

为促进世界经济的发展，中国创造性地提出"一带一路"倡议，构建了国家间合作发展的新模式，截至 2021 年 1 月 30 日，中国已经同 140 个国家和 31 个国际组织签署 205 份共建"一带一路"的合作文件。

成立亚洲基础设施投资银行，积极构建新型金融合作机制。截至 2020 年 7 月 29 日，"亚投行"的成员数量由开业时的 57 个增至 103 个，覆盖亚洲、欧洲、非洲、北美洲、南美洲、大洋洲等六大洲，成员主体为发展中国家，同时也吸收了包括英国、法国、德国、加拿大等在内的发达国家。

这些国际因素，都为中国有可能争取到一个较长时期的"和平与发展"的世界环境和国际背景创造了条件。这意味着在未来可以预见的较长一段时期，中国依然可以一心一意谋发展、集中精力搞建设。这为到 2035 年基本实现社会主义现代化创造了重要的世界环境和国际条件。

（四）中国将辩证地把握用好维护发展的重要战略机遇期

中国共产党是一个用马克思主义理论武装起来的政党，深刻地认识到，把握、用好、维护中国发展的重要战略机遇期必须坚持辩证思维。中国共产党十九大明确提出，中国发展仍处于重要战略机遇期，前景十分光明，但挑战也十分严峻。所谓机遇，稍纵即逝，关键是要能善于把握善于用好善于维护，同时机遇也往往与危机并存、与挑战共生，要想把握、用好、维护战略机遇，就要准备迎接和战胜挑战，应对和克服危机，而不能惧怕危机和挑战，要在迎接挑战和应对危机中创造机遇、抓住机遇、用好机遇。机遇不是现实，机遇期也不是安全期，更不是保险期，必须充分认识未来中国经济社会发展进程中存在的困难和风险，充分估计可能出现的问题和挑战，才能更好地把握、用好、维护重要战略机遇期，从而为到 2035 年基本实现社会主义现代化创造条件。

首先，从国际横向比较看，中国的人均国内生产总值同发达国家相比仍然落后。人均国内生产总值是了解和把握一个国家或地区宏观经济运行状况的有效工具，常被作为发展经济学中衡量经济发展状况的重要指标。人均国内生产总值作为重要的宏观经济指标之一，反映了除资源国以外的绝大多数工业化国家的经济社会发展水平和程度，具有衡量社会公平和平等的含义，构成一个国家居民人均收入和生活水平的主要物质基础，是提高居民人均收入水平、生活水平的重要参照指标。中国国家统计局发布的数据显示，2020年中国国内生产总值为 1015986 亿元，首次突破 100 万亿元大关，折算成美元为 14.7 万亿美元左右，稳居世界第二，占美国经济总量的比重首次超过 70%（2020 年美国的经济总量为 20.95 万亿美元），占世界经济比重达到 17% 左右。然而，因为中国的人口基数庞大，人均国内生产总值虽然也达到了 10503 美元，但只有美国人均国内生产总值的 16.56%（2020 年美国的人均国内生产总值为63415 美元），排在全世界第 63 位。有研究指出，以目前的增速，如果中国想要在人均国内生产总值上达到美国的水平，至少还需要30 年左右的时间；如果想要在人均国内生产总值上超过美国，则需要的时间还会更长。中国处于并将长期处于社会主义初级阶段的基本国情没有变，中国处于世界发展中国家的国际地位没有变。

其次，从中国内部差异看，中国经济发展不平衡不充分的矛盾突出。中国共产党十九届六中全会通过的《中共中央关于党的百年奋斗重大成就和历史经验的决议》指出：

中华民族伟大复兴绝不是轻轻松松、敲锣打鼓就能实现的，前进道路上仍然存在可以预料和难以预料的各种风险挑战；必须清醒认识到，我国仍处于并将长期处于社会主义初级阶段，我国仍然是世界最大的发展中国家，社会主要矛盾是人民日益增长的美好生活需要和不平衡不充分的发展之间的矛盾。①

中国经济社会发展存在着不同地区、不同行业、不同领域以及不同群体之间等空间结构上的不平衡，如区域发展不平衡、城乡发展不平衡、收入分配不平衡、经济与社会发展不平衡、经济与生态发展不平衡、实体经济和虚拟经济不平衡等，存在着发展的总体水平特别是发展的质量上的不充分，尤其是公共物品公共服务供给的不充分，如市场竞争不充分、效率发挥不充分、潜力释放不充分、有效供给不充分、动力转换不充分、制度创新不充分等。中国经济发展不平衡不充分的这些突出矛盾，不仅制约着经济持续向好的结构性和深层次问题的解决，结构性调整阵痛继续显现，经济下行压力加大，而且已成为新时代满足人民日益增长的美好生活需要的主要制约因素，要求中国共产党坚定不移地把发展作为执政兴国的第一要务，坚持解放和发展社会生产力，中国经济必须坚持创新发展理念，转变发展思维，以新发展理念引领经济发展新常态，由高速增长阶段转向高质量发展阶段，转变发展方式、优化经济结构、转换增长动力。

最后，从国际国内面临的风险看，中国发展面临的风险和不稳定因素不容忽视。中国经济发展形势在总体稳定安全、经济稳中向好的同时，各种风险挑战也不断显现，既有显性风险又有隐性风险，既有内部风险又有外部风险，既有一般风险又有重大风险，这些风险还往往呈现出交织性、复杂性、综合性等特点。习近平曾

① 《中共中央关于党的百年奋斗重大成就和历史经验的决议》，《人民日报》2021 年 11 月 17 日。

说，改革发展稳定任务之重、矛盾风险挑战之多、治国理政考验之大，都是前所未有的。新时代中国经济运行的环境已经发生明显变化，面临的不确定性不稳定性因素有所上升，世界经济增长的动能也有所减缓，一些新兴经济体面临较多困难，国际金融市场出现大幅波动，贸易保护主义抬头，国际贸易和投资低迷，多边贸易体制发展面临瓶颈，区域贸易安排丛生，国际贸易规则碎片化、中美经贸摩擦给全球经济增长带来不确定性，地缘政治因素错综复杂，政治安全冲突和动荡、难民危机、气候变化、恐怖主义等地区热点和全球性挑战，对世界经济发展造成不利影响，也对中国经济发展形成不稳定因素。同时，中国在政治、意识形态、科技、社会、外部环境、党的建设等领域，也需要高度警惕可能存在和发生的重大风险。中国共产党面临的执政考验、改革开放考验、市场经济考验、外部环境考验具有长期性和复杂性，面临的精神懈怠危险、能力不足危险、脱离群众危险、消极腐败危险具有尖锐性和严峻性，必须坚持底线思维，增强忧患意识，居安思危，清醒地看到前进道路上的困难和风险，着力防范，化危为机。

敢于迎接和战胜挑战，就会创造机遇；惧怕和逃避挑战，就会失去机遇；应对和克服危机必将迎来机遇，失去机遇必将面临危机。因此，中国既注意充分把握、用好、维护新时代中国发展所处的重要战略机遇期，坚定不移地抓住机遇、用好机遇、维护机遇，保持战略定力、坚定必胜信念，同时又坚持辩证思维和底线思维，增强忧患意识，高度重视做好万全准备和应对之策，牢牢把握战略主动。这为到 2035 年基本实现社会主义现代化提供了重要战略保障。

总之，到 2035 年基本实现社会主义现代化的发展战略目标，意味着中国式现代化道路将取得新的伟大成就和巨大成功，这是建立在对"两个大局"和国内外形势，尤其是对新时代中国特色社会主义发展的深入分析、反复论证和科学把握基础之上的，无论理论还是实践、无论国际还是国内、无论现实还是未来，都具有充分、合理的科学依据。总的来说，经过新中国成立 70 多年特别是改革开放 40 多年来的稳步高速发展，为实现中国式现代化打下了深厚的发展根基，提供了雄厚的物质基础，发展潜力巨大；中国特色社会主义进入新时代，为开启全面建设社会主义现代化国家新征程奠定了新的更高起点，中国的发展更有信心也更有定力，即使面对国内外可能出现的诸多不确定因素，中国式现代化道路也有一定的发展韧性和回旋空间，能够有序地推进社会主义现代化事业朝着"基本实现"和"全面实现"的发展台阶和更高水平迈进。

第七章
中国式现代化道路的重大意义

在实现现代化的征程上，中国式现代化道路已经实现了第一个百年奋斗目标，在中华大地上全面建成了小康社会，历史性地解决了绝对贫困问题，中华民族伟大复兴向前迈出了至关重要的一步。接下来，到 2035 年要基本实现社会主义现代化，到本世纪中叶要全面建成富强民主文明和谐美丽的社会主义现代化强国。中国式现代化道路的这一宏伟目标，不仅意味着中华民族将以更加昂扬的姿态屹立于世界民族之林，而且意味着中国的社会主义现代化建设必将为人类社会发展和文明进步作出新的更大贡献，为世界上欠发达国家实现现代化提供借鉴，不但在中华人民共和国发展史上、中华民族发展史上具有重大意义，而且在世界社会主义发展史上、人类社会文明发展史上也具有重大意义。

一、标志着中华民族五千多年来又一次历史性巨变

创造中国式现代化道路，在中华民族发展史上、在新中国发展史上，都具有十分重大的历史意义和现实意义，它意味着中国近代史上中华民族苦苦追寻的现代化终于可以在中国式现代化道路上得以实现，中华民族五千多年文明发展史上又将迎来重要历史性巨变，意味着中国大踏步地赶上了时代发展和世界潮流。"我国是世界上最大的社会主义国家，当我国建成社会主义现代化强国、成为世界上第一个不是走资本主义道路而是社会主义道路成功建成现代化强国时，我们党领导人民在中国进行的伟大社会革命将更加充分地展示出其深远的历史意义。"①

从历史角度看，实现社会主义现代化无疑是中华民族前所未有的历史性巨变。

追溯中华民族的发展史，可以看到，五千多年来中华民族创造了辉煌灿烂的中华文明，在世界文明发展史上占有重要一席，为人类历史作出了杰出贡献。

早在先秦时期，神州大地已经孕育出生产力水平较高的农耕文明，青铜和铁器的广泛运用，耕种技术的不断改革，为农耕时代的中华文明和社会进步打下了坚实基础。先秦时代的"百家争鸣"，为人类社会贡献出了诸多具有独创性和超时代的伟大思想，构成了人类思想史上的一次盛宴。秦汉之际，中华民族又发展出颇具近现

---

① 《求是》杂志编辑部：《指引全面建设社会主义现代化国家的纲领性文献》，《求是》2021 年第 9 期。

代意义的官僚体制，极大地加强了国家的统治能力和治理效率，广泛加强了民族凝聚力。中国古代的官僚制度，对于推动西方社会走出漫漫封建社会、发展出具有近现代化意义上的文官制度，发挥了重要作用。在两千多年的君主专制社会发展中，中华民族的"四大发明"极大地推动了时代发展和世界历史发展，与丝绸、瓷器等一起在东西方文明交流中产生了重要影响。

人类文明伴随着社会生产力的发展而不断进步，每一次生产关系的重大革新，都将推动整个社会的大转型和历史的大跨越。中国古代文明是农业社会的文明，是农耕文明，现代文明是工业文明，是现代工业社会的文明。显然，实现社会主义现代化和中华民族伟大复兴，是在实现工业文明基础上的民族复兴，而不是要复归中国古代社会文明所达到的高水平状态，更不是要复刻中国古代农业社会的文明或农耕文明。

中国式现代化道路，意味着中华民族顺应人类社会发展规律和历史潮流，将带来中国传统农耕文明向现代工业社会发展和文明的转型，而且在一定意义上说，还是超越资本主义现代文明发展的更高层次的文明。尤其是到 2035 年基本实现社会主义现代化，更标志着中国社会由传统农业社会的文明形态真正实现了向现代工业社会文明形态的深刻转型。中国式现代化道路带来的这一历史性巨变，将是中华民族五千多年文明发展史上未曾有过的文明发展和社会进步，它创造和带来的将是人类文明新形态——社会主义现代化和社会主义文明形态，是中国古代传统农业文明和近现代资本主义工业文明所无法比拟的。这一历史性巨变，将是中华民族对人类社会发展又一全新的创造性贡献，同时又为中华文明创造更加辉煌的历史性成就、为全面建成社会主义现代化强国创造新的历史性条件。

二、更加显示出中国特色社会主义制度的巨大优越性

中国式现代化道路取得的辉煌成就，尤其是到 2035 年将基本实现社会主义现代化，意味着中国的改革开放和中国特色社会主义事业在全面建成小康社会的基础上，又将取得非常重要的标志性成果，标志着"两个一百年"中所确立的第二个百年奋斗目标将提前15 年基本实现，这将真正意味着中华民族彻底改变了过去一穷二白、贫穷落后的旧面貌，在站起来、富起来的基础上，展示出前所未有的真正"强起来"的新面貌，将为到 2050 年全面建成社会主义现代化强国奠定更加雄厚的基础，为中国特色社会主义制度的优越性提供更加充分的实践证明。

邓小平认为，社会主义现代化建设是中国最大的政治，是社会主义和资本主义"谁战胜谁"的重要问题。他说："社会主义现代化建设是我们当前最大的政治，因为它代表着人民的最大的利益、最根本的利益。"[1] 他还曾明确指出：

> 现在在世界上我们算贫困的国家，就是在第三世界，
> 我们也属于比较不发达的那部分。我们是社会主义国家，

---

[1] 《邓小平文选》第二卷，人民出版社 1994 年版，第 163 页。

社会主义制度优越性的根本表现，就是能够允许社会生产力以旧社会所没有的速度迅速发展，使人民不断增长的物质文化生活需要能够逐步得到满足。按照历史唯物主义的观点来讲，正确的政治领导的成果，归根结底要表现在社会生产力的发展上，人民物质文化生活的改善上。如果在一个很长的历史时期内，社会主义国家生产力发展的速度比资本主义国家慢，还谈什么优越性？我们要想一想，我们给人民究竟做了多少事情呢？我们一定要根据现在的有利条件加速发展生产力，使人民的物质生活好一些，使人民的文化生活、精神面貌好一些。[1]

邓小平不仅在理论上对社会主义制度的优越性提出了具体标准，而且在实践中也提出过具体要求。他说："我们进行社会主义现代化建设，是要在经济上赶上发达的资本主义国家，在政治上创造比资本主义国家的民主更高更切实的民主，并且造就比这些国家更多更优秀的人才。"[2] 当时他预言，只有到了下世纪（即 21 世纪）中叶，达到了中等发达国家的水平，才能说真的搞了社会主义，才能理直气壮地说社会主义优于资本主义。

现代化是一个国家和社会整体发展与深刻变革的历程。就现代化的内涵而言，现代化本身无疑蕴含着整个社会系统全面而深刻的变革，涉及人类社会生活的方方面面几乎都发生根本变化，包括工业化、市场化、民主化、城市化、信息化等各个领域，既涉及经济、政

---

[1] 《邓小平文选》第二卷，人民出版社 1994 年版，第 128 页。
[2] 《邓小平文选》第二卷，人民出版社 1994 年版，第 322 页。

治、科技和军事等的深刻变革，同时也涉及思想道德、价值观念、文化教育、社会结构和生态环境的整体变迁。中国全面建设社会主义现代化正处于这样一个深刻变革与整体变迁的历程之中，而到 2035 年基本实现社会主义现代化则是这个发展变革变迁过程中的一个非常重要或关键的时间节点，意味着中国的综合国力和发展水平将整体达到中等发达国家的水平。这一发展成果，无疑意味着中国整体发展水平的巨大跃升，无疑将最直接提升中国的综合国力和改变中国社会的整体面貌，无疑意味着中国将真正彻底地扔掉"贫穷落后"的帽子。

毫无疑问，这将是中国社会主义发展史上的重要里程碑，它将标志着中国社会主义初级阶段的社会生产力实现了较大发展，物质财富和精神财富将实现更加殷实的积累，为中国从社会主义初级阶段即不发达的社会主义，进入到比较发达的社会主义即更高水平的社会主义发展阶段，奠定更加坚实的基础，将更加有力展示出社会主义社会的巨大活力和制度的优越性。

三、更加彰显中国共产党中国人民中华民族的高度自信

从鸦片战争开始，中华民族便处于不断积贫积弱的衰退过程。在这一过程中，强敌外侮纷纷入侵，中华民族甚至面临"被开除球籍"的危险。中国共产党的成立是中华民族走向伟大复兴的第一大重要里程碑，中国革命的面貌从此焕然一新，中华民族的命运从此开始走向根本转变；中华人民共和国的成立是中华民族走向伟大复兴的第二大重要里程碑，新中国真正成为独立自主的国家，并成功

建立了社会主义基本制度，成为实现民族复兴的制度基础和政治保障；改革开放和建设中国特色社会主义是中华民族走向伟大复兴的第三大重要里程碑，让中国用几十年的时间走完了发达资本主义国家几百年才完成的工业化历程，让实现中华民族伟大复兴中国梦迎来了前所未有的光明前景。

毛泽东曾说："我们中华民族有同自己的敌人血战到底的气概，有在自力更生的基础上光复旧物的决心，有自立于世界民族之林的能力。"[1]到2035年基本实现社会主义现代化，到本世纪中叶把中国建成富强民主文明和谐美丽的社会主义现代化强国，高度体现了中国共产党的无比自信，体现了中华民族和中国人民的高度自信，体现了中国特色社会主义的道路自信、理论自信、制度自信、文化自信，也就是对中国式现代化道路的高度自信。正如习近平所说："全党要坚定道路自信、理论自信、制度自信、文化自信。当今世界，要说哪个政党、哪个国家、哪个民族能够自信的话，那中国共产党、中华人民共和国、中华民族是最有理由自信的。"[2]

近代以来，中华民族从苦难中爬起来，创造和走出了一条属于自己的中国式现代化道路，建立了一套中国特色社会主义制度，传承并继续弘扬着五千多年的中华文明，这是中国共产党和中国人民100年奋斗、创造、积累的伟大成就，也是中国共产党自信、中国人民自信和中华民族自信的根本所在。2013年3月17日，习近平在第十二届全国人民代表大会第一次会议上的讲话中曾深刻地指出"中国特色社会主义道路"的形成和自信：

---

① 《毛泽东选集》第一卷，人民出版社1991年版，第161页。
② 《十八大以来重要文献选编》（下），中央文献出版社2018年版，第348页。

这条道路来之不易，它是在改革开放 30 多年的伟大实践中走出来的，是在中华人民共和国成立 60 多年的持续探索中走出来的，是在对近代以来 170 多年中华民族发展历程的深刻总结中走出来的，是在对中华民族 5000 多年悠久文明的传承中走出来的，具有深厚的历史渊源和广泛的现实基础。中华民族是具有非凡创造力的民族，我们创造了伟大的中华文明，我们也能够继续拓展和走好适合中国国情的发展道路。①

中国共产党十九大制定的基本实现和全面实现社会主义现代化的时间表和路线图，根据中国特色社会主义发展的实际作出了重要调整，把基本实现社会主义现代化的时间提前到 2035 年，这充分彰显了中国共产党、中国人民和中华民族的高度自信，彰显了中国式现代化道路的自信。

中国式现代化道路不但深化了对现代化理论的科学认识，而且充分体现了中国共产党、中华民族和中国人民的自豪感和自信心。为了实现体现社会主义本质的现代化发展目标，中国共产党明确指出，在 2020 年全面建成小康社会的路上"一个也不能少"，在 2035 年基本实现社会主义现代化和 2050 年全面实现社会主义现代化、基本实现共同富裕的路上"一个也不能掉队"。要在一个 14 亿多人口的发展中大国实现这样一个现代化发展战略目标，不能不说是艰巨的和伟大的，同时又是充满自信的。

① 《习近平谈治国理政》，外文出版社 2014 年版，第 39—40 页。

中国式现代化道路是建立在对中国特色社会主义道路、理论、制度、文化的高度自信基础之上的，是实现社会主义现代化、创造人民美好生活的必由之路，中国特色社会主义制度具有无比的优越性。习近平说：

> 我们要坚信，中国特色社会主义道路是实现社会主义现代化的必由之路，是创造人民美好生活的必由之路。我们要坚信，中国特色社会主义理论体系是指导党和人民沿着中国特色社会主义道路实现中华民族伟大复兴的正确理论，是立于时代前沿、与时俱进的科学理论。我们要坚信，中国特色社会主义制度是当代中国发展进步的根本制度保障，是具有鲜明中国特色、明显制度优势、强大自我完善能力的先进制度。[①]
>
> 有了"自信人生二百年，会当水击三千里"的勇气，我们就能毫无畏惧面对一切困难和挑战，就能坚定不移开辟新天地、创造新奇迹。[②]

中国式现代化道路，更加显示了中国共产党的高度自信，也更加彰显了中国共产党的政治智慧和巨大魄力。在中国共产党的领导下，中华民族从半殖民地半封建社会到民族解放、国家独立和人民当家作主，从新民主主义革命到社会主义革命与建设，从高度集中的计划经济体制到充满活力的社会主义市场经济体制，从封闭半封

---

① 《十八大以来重要文献选编》（下），中央文献出版社 2018 年版，第 349 页。

② 《十八大以来重要文献选编》（下），中央文献出版社 2018 年版，第 348 页。

闭到全面深化改革、扩大对外开放，中华民族走出了一条全新的中国式现代化道路，彻底改变了中华民族的命运。

尤其是改革开放以来，中国共产党坚持解放思想、实事求是，坚持改革开放，坚持以经济建设为中心，坚持四项基本原则，建立和完善社会主义市场经济体制，中国经济发展进入快车道，经济发展速度大大超出预期，取得了举世瞩目的伟大成就。这充分证明中国共产党的领导是中国特色社会主义最本质的特征，是中国特色社会主义制度的最大优势。在领导中国人民创造中国式现代化道路的进程中，充分体现中国共产党高超的领导水平和领导能力。

从改革开放以来提出社会主义现代化建设的时间表、路线图以及发展战略目标内涵的重要变化、重大调整等可以看出，中国式现代化道路在不同发展阶段的战略目标，不仅在内涵上是发展的、科学的、合理的、进步的，都如期甚至提前实现了，而且对社会主义现代化的科学认识也在不断深化，从高度民主、高度文明的"两位一体"发展战略目标到富强民主文明的"三位一体"和富强民主文明和谐的"四位一体"，再到富强民主文明和谐美丽的"五位一体"发展战略目标，这表明中国共产党的领导善于适应国内外形势的发展变化，善于顺应中国人民过上更美好生活的新期待，不断扩大满足人民群众不断丰富发展的美好生活需要；表明中国共产党对共产党执政规律、社会主义建设规律、人类社会发展规律的科学认识在不断深化，只有中国共产党才能提出这样振奋人心的宏伟目标，只有中国共产党才能领导中国人民通过几代人的不懈奋斗实现这样的宏伟目标。

四、发展中国家现代化的中国道路更加成熟

实践证明，经典现代化模式及其理论，并不能够简单地套用于欧美以外的众多发展中国家。自 16 世纪欧洲社会逐步跨入近现代社会，率先开始了人类社会步入现代化的历史巨变。在这一世界历史进程中，欧洲的意大利、西班牙、葡萄牙、荷兰、英国、法国、德国，然后到北美洲的美国等作为先行者，率先在经济、政治、文化、社会等方面，实现从传统社会向现代社会的变革。至 19 世纪末，基本完成了经济上的工业化、市场化，政治上的民主化、公民化，文化上的多元化，人口的城市化等，统称为西方现代化。

西方资本主义国家在现代化进程中展示的一系列经验，在 20 世纪五六十年代为西方尤其是美国学者所系统化和理论化，形成了所谓的经典现代化理论。从地域上看，经典现代化理论植根于西方原发、先发的现代化，"后发"现代化的其他国家或地区则成为一直学习、模仿西方现代化的特殊情境；从性质上看，经典现代化理论实际上是对资本主义在欧美发展过程的理论化经典化，是一条典型的西方式现代化道路；从实践上看，经典现代化理论抽象出的一系列现代化经验，实际上也只是在欧美国家现代化的历程中所展现出来的，并不能简单地移植或搬用到其他国家或地区；从世界历史发展看，19 世纪初获得独立的拉丁美洲诸国的现代化，陷入依附西方资本主义现代化国家的泥潭，而第二次世界大战后独立的大批亚非拉国家，无论是从开始还是后来走资本主义道路的国家，也都陷入了实现现代化的困境，欧美之外只有亚洲"四小龙"等少数国

家或地区基本实现了现代化。

事实上，现代化本身既是一种发展目标，又是一个发展过程。所谓的经典现代化理论，无非是对西方资本主义现代化经验的理论总结，由于资本主义成长发展的内在特性，经典现代化理论一开始就存在着诸多理论上的局限性，诸如逐利、扩张、侵略、掠夺等。时至今日，西方资本主义现代化的殖民之路，与中国式现代化道路的和平崛起之道形成了鲜明对比。改革开放 40 多年来的发展证明，中国式现代化道路完全不同于欧美资本主义国家的西方式现代化道路，凝结了中国经验、中国智慧和中国方案，不仅是一次发展中国家走向现代化的成功实践，更是发展中国家和社会主义国家走向现代化的和平展示。习近平说：

> 40 年的实践充分证明，中国发展为广大发展中国家走向现代化提供了成功经验、展现了光明前景，是促进世界和平与发展的强大力量，是中华民族对人类文明进步作出的重大贡献。[1]

中国共产党十九大确立分"两个阶段"基本实现和全面实现社会主义现代化的战略安排，到 2035 年基本实现社会主义现代化这一目标的达成，将更加有力地总结、凝练、提升出更具典型意义、更加成熟的发展中国家迈向现代化的中国模式或中国道路，为想发展而又没能找到适合自身发展模式的广大亚非拉发展中国家带去中

---

[1]　习近平：《在庆祝改革开放 40 周年大会上的讲话》，人民出版社 2018 年版，第 21 页。

国经验、中国智慧和中国方案，带去重要参考和有益借鉴，从而为世界更多地区和人民实现现代化的发展提供一种全新选择和重要参考。

中国共产党十九届六中全会通过的《中共中央关于党的百年奋斗重大成就和历史经验的决议》指出：

> 党领导人民成功走出中国式现代化道路，创造了人类文明新形态，拓展了发展中国家走向现代化的途径，给世界上那些既希望加快发展又希望保持自身独立性的国家和民族提供了全新选择。①

五、推动世界和平与进步力量显著增强

中国式现代化道路，推动的是一个占世界近 1/5 人口、拥有 14 亿多人的社会主义大国的全体人民走向共同富裕，一个国土面积居世界第三位且内部地域之间差异极大的发展中大国走向强盛，这不仅是中华民族的历史巨变，也是世界社会主义运动的重大转折，是人类社会历史发展和全世界的伟大壮举。

中国式现代化道路不同于西方资本主义国家现代化的经典模式，也不同于经典作家所设想的社会主义、共产主义路径，这将为占世界大多数的发展中国家走向现代化提供中国经验、中国智慧和

---

① 《中共中央关于党的百年奋斗重大成就和历史经验的决议》，《人民日报》2021 年 11 月 17 日。

中国方案，也将有力地推动世界社会主义运动，大大增强国际社会的和平与进步力量，带来国际力量对比的重大变化。

西方国家率先实现现代化，随之而来的是整个国际社会也追求建立在西方文明基础之上的现代化模式。美国政治学者亨廷顿曾经明确区分"西方化"和"现代化"的差异，认为就其本质而言，现代化必然带来人类社会的整体性变革，从而在现代化的进程中诸如经济贸易、经济体制、消费产品等方面也会出现很多相似性，但这并不会造成文明的单一化。经典现代化理论以西方社会为蓝本，抽象出现代化的诸多特征，实际上正是将"现代化"等同于"西方化"。

在亨廷顿看来，西方式现代化是建立在特有的西方文明基础之上的，包括古典遗产、天主教和新教、欧洲语言、代议机构、个人主义文化等，这些特征赋予了西方式现代化的独特性。受制于西方式现代化的特性和资本主义国家内政外交与国家利益的考量，相应地，不但使得许多发展中国家缺乏一个公平公正的世界秩序和国际环境，而且让世界局势也更加缺乏可预见性。

在两个多世纪间，随着西方资本主义征服世界尤其是通过两次世界大战，建立在西方文明基础上的西方式现代化，被作为"普世文明"向世界传播，由此构建的国际关系体制和世界格局实际上也带有显著的西方色彩。在很大程度上，整个国际政治主导权也掌握在西方资本主义国家手中。西方资本主义国家的现代化使人类经历了沧桑巨变，既推动了人类社会生产力的巨大发展和全球化的形成，也造成了世界性的战争灾难，形成了西方资本主义发达国家占据主导地位的世界格局。

习近平深刻指出，当前中国处于近代以来最好的发展时期，当今世界处于新一轮大发展大变革大调整时期，面临"百年未有之大变局"，新一轮科技革命和产业革命再一次大规模快速发展和全球化深刻传播，两者同步交织、相互激荡，正在催生新的经济、政治、文化、社会、生态变革，人类文明发展面临新挑战新机遇，不确定不稳定因素明显增多。大国战略博弈全面加剧，世界多极格局日渐显现，世界体系和国际秩序深度调整，全球治理体系的各种制度、体制、机制在全球化的不断发展蜕变中正在呈现新的面貌。

所谓"大变局"，指明了当今时代西方出现了自工业革命以来的第一次全面颓势，老牌资本主义强国云集的欧洲陷入种族、发展等问题纠葛，国际局势可能面临诸多"黑天鹅"和"灰犀牛"因素，特别是相应的国际秩序和世界格局极有可能面临诸多冲击。中国历来是推动世界和平与发展的重要力量，越来越发挥出维护国际局势稳定的积极作用。随着中国综合国力、经济实力、科技实力、军事实力的显著提升，由此带来的巨大变化正是国际和平与发展力量的显著增强。

中国共产党十九大报告明确表示："中国发展不对任何国家构成威胁。中国无论发展到什么程度，永远不称霸，永远不搞扩张。"①

中国共产党十九届六中全会通过的《中共中央关于党的百年奋斗重大成就和历史经验的决议》进一步指出：

党推动构建人类命运共同体，为解决人类重大问题，

① 《习近平谈治国理政》第三卷，外文出版社 2020 年版，第 46 页。

建设持久和平、普遍安全、共同繁荣、开放包容、清洁美丽的世界贡献了中国智慧、中国方案、中国力量，成为推动人类发展进步的重要力量。①

显然，中国作为金砖国家的重要成员和最大的发展中国家，有责任在国际事务中代表广大发展中国家的根本利益，推动全球治理体系的深刻改革，提高新兴市场国家和发展中国家的代表性和发言权。中国在国际社会中的地位将显著提升，在国际舞台中将扮演越来越重要的角色。

同时，自古以来中华文明中善于包容与追求和谐的特质和社会主义中国的和平崛起，将更加有力有效地推动构建相互尊重、公平正义、合作共赢的新型国际关系，着力改善国际经济政治秩序中一些不合理不完善的方面，让广大发展中国家在国际体系中获得更为公平公正的世界秩序。

六、世界社会主义运动将写就更加辉煌的篇章

众所周知，以 500 多年前托马斯·莫尔写作《乌托邦》为标志，人类为建设一个不同于资本主义社会的美好社会设想，就被寄予在"社会主义"身上。170 多年前，马克思和恩格斯发表《共产党宣言》，将社会主义从空想变为科学，世界社会主义运动从此有了科学理论指

---

① 《中共中央关于党的百年奋斗重大成就和历史经验的决议》，《人民日报》2021 年 11 月 17 日。

导，实现工人阶级解放、实现全人类解放从而成为全世界无产阶级的孜孜以求。20 世纪初，列宁富有创造性地将马克思主义运用到世界历史发展之中，回应新的时代命题，进一步将世界社会主义运动与殖民地人民和被压迫民族的独立运动相结合。1917 年俄国十月革命胜利，宣告世界上第一个社会主义国家诞生，将社会主义从理论变成了现实，并推动了世界社会主义运动风起云涌。第二次世界大战后，社会主义运动从一国实践变成多国实践，可谓"风景这边独好"。

然而，随着 20 世纪 80 年代末 90 年代初苏联解体、东欧剧变，世界社会主义运动陷入低潮，随之而来的是"马克思主义过时论""历史终结论""社会主义是乌托邦论"等各种论调甚嚣尘上。世界社会主义运动陷入低潮，不仅对社会主义事业发展本身是一大损失，而且对整个世界求独立、促和平、谋发展的主流力量、和平力量来说，也是一大损失。这是因为世界社会主义运动天然具有一种强烈的反压迫、反殖民的正义诉求、和平诉求和发展诉求。

改革开放 40 多年来，中国特色社会主义在社会主义运动的低潮期逆势崛起，极大地调整着、改变着资本主义与社会主义在世界格局中的力量对比，中国式现代化道路无疑为世界社会主义运动注入了一剂强心剂，使全世界各国人民重新看到社会主义的希望所在，为世界各地马克思主义者、社会主义者增添信心、坚定决心。当年面对苏东剧变带来的世界社会主义低潮，邓小平曾坚定认为："我坚信，世界上赞成马克思主义的人会多起来的，因为马克思主义是科学。"①

---

① 《邓小平文选》第三卷，人民出版社 1993 年版，第 382 页。

中国式现代化道路坚持和发展的中国特色社会主义，既不是完全等同于马克思恩格斯所设想的社会主义，也不是完全等同于历史上出现过的各种社会主义模式，它的伟大实践既深刻验证了科学社会主义基本原理和基本原则的真理性科学性，又为科学社会主义基本原理和基本原则作出了原创性贡献，为世界社会主义运动积累了丰富的实践经验和理论素材。中国式现代化道路在社会主义运动的低潮期乘风破浪，取得了巨大成就，必将为世界社会主义运动续写更加辉煌的篇章，为世界社会主义运动的发展迎来新的重要契机。

同时，中国式现代化道路，是一条将马克思主义基本原理同中国具体实际相结合、同中华优秀传统文化相结合的现代化道路。到 2035 年基本实现社会主义现代化，将用更加辉煌的历史性成就，更加有力地证明中国式现代化道路的实践价值和理论价值，证明社会主义制度的优越性，必将进一步推动马克思主义在中国的发展，将二十一世纪马克思主义中国化创新成果推进到又一个新境界新高度。显然，作为人类社会具有五千多年历史的文明古国，作为世界上最大的发展中国家，作为当今世界代表着新型社会制度的社会主义大国，中国式现代化道路将以更加成熟、更加定型的中国思想、中国经验和中国智慧，给人类思想史增添更加丰富的理论创新成果和思想财富。

以中国共产党成立为标志，中国共产党领导中国人民开始了将马克思主义科学真理、将科学社会主义基本原理和基本原则在中国革命、建设和改革中广泛运用的历程。以毛泽东为主要代表的中国共产党人把马克思主义基本原理同中国革命和社会主义建设的具体实际相结合，推翻了旧社会压在人民身上的"三座大山"，缔造了中华人民共和国，并顺利实现了社会主义改造，为中国特色社会主义现代化建设奠定了经济基础和制度保障。

改革开放以来，中国共产党人把马克思主义基本原理同中国改革开放的具体实际相结合，使中华民族迎来了从站起来、富起来到强起来的伟大飞跃。

一代代中国共产党人始终不渝地坚持马克思主义指导思想，坚定社会主义、共产主义理想信念，坚持解放思想、实事求是，坚持理论与实践相结合，马克思主义中国化的理论创新成果取得重大发展，不断开创了马克思主义中国化的新境界，相继形成了毛泽东思想、邓小平理论、"三个代表"重要思想、科学发展观、习近平新时代中国特色社会主义思想，使马克思主义在中国展现出强大生命力。

中国式现代化道路，是一条在马克思主义指导下的社会主义现代化道路。到 2035 年基本实现社会主义现代化，是对这条道路的真理性、科学性的最好实践证明。马克思恩格斯所提出的科学社会主义基本原理和基本原则，在中国革命与社会主义建设、改革开放与中国特色社会主义的伟大实践中得到不断验证，中国特色社会主义取得了举世瞩目的伟大成就和理论创新成果。到 2035 年基本实现社会主义现代化，必将让马克思主义科学真理和科学社会主义基本原理与基本原则得到进一步的实践和运用、验证和发展，必将展现出更大、更充分的真理说服力。

参考文献

《马克思恩格斯选集》第1—4卷，人民出版社1995年版。

《马克思恩格斯文集》第1—10卷，人民出版社2009年版。

《列宁选集》第1—4卷，人民出版社1995年版。

《毛泽东选集》第一——四卷，人民出版社1991年版。

《毛泽东文集》第一——八卷，人民出版社1993年版。

《邓小平文选》第一——二卷，人民出版社1994年版。

《邓小平文选》第三卷，人民出版社1993年版。

《江泽民文选》第一——三卷，人民出版社2006年版。

《胡锦涛文选》第一——三卷，人民出版社2016年版。

《习近平谈治国理政》，外文出版社2014年版。

《习近平谈治国理政》第二卷，外文出版社2017年版。

《习近平谈治国理政》第三卷，外文出版社2020年版。

《习近平总书记重要讲话文章选编》，中央文献出版社、党建读物出版社2016年版。

习近平：《论中国共产党历史》，中央文献出版社2021年版。

《中国共产党简史》，人民出版社、中共党史出版社2021年版。

《十八大以来重要文献选编》（上），中央文献出版社2014年版。

《十八大以来重要文献选编》（中），中央文献出版社2016年版。

《十八大以来重要文献选编》（下），中央文献出版社2018年版。

《中共中央关于党的百年奋斗重大成就和历史经验的决议》，《人民日报》2021年11月17日。

《中共中央关于制定国民经济和社会发展第十四个五年规划和二〇三五年远景目标的建议》，《人民日报》2020年11月4日。

习近平：《关于〈中共中央关于制定国民经济和社会发展第十四个五年规划和二〇三五年远景目标的建议〉的说明》，《人民日报》2020 年 11 月 4 日。

《中华人民共和国国民经济和社会发展第十四个五年规划和 2035 年远景目标纲要》，《人民日报》2021 年 3 月 13 日。

任仲文编：《全面建设社会主义现代化国家新征程》，人民日报出版社 2021 年版。

吕红波、马代绍俊主编：《开启现代化国家新征程》，人民日报出版社 2021 年版。

任仲文编：《征途漫漫　惟有奋斗：开启全面建设社会主义现代化国家新征程》，人民日报出版社 2021 年版。

胡鞍钢主编：《变革与复兴：百年中国现代化新征程》，东方出版社 2021 年版。

张明：《现代性的中国方案：基于毛泽东的理论与实践探索研究》，江苏人民出版社 2020 年版。

吴忠民：《中国现代化论》，商务印书馆 2019 年版。

赵士发：《中国道路：走向现代化的全新选择》，湖北人民出版社 2018 年版。

杨耕：《东方的崛起：关于中国式现代化的哲学反思》，北京师范大学出版社 2009 年版、2017 年版。

罗荣渠：《现代化新论——世界与中国的现代化进程》，商务印书馆 2017 年版。

马占稳：《比较视野下中国现代化问题研究》，人民出版社 2011 年版。

孙健：《20 世纪的中国：走向现代化的历程》，人民出版社 2010 年版。

严立贤：《现代化模式与近代以来中国历史进程》，九州出版社 2010 年版。

路日亮主编：《现代化理论与中国现代化》，宁夏人民出版社 2007 年版。

虞和平主编：《中国现代化历程》，江苏人民出版社 2001 年版、2005 年版。

徐平：《伟大的事实——世界现代化进程中的中国现代化发展》，人民出版社 2004 年版。

何传启：《第二次现代化——人类文明进程的启示》，高等教育出版社 1999 年版。

周振华：《中国式的现代化道路概说》，四川省社会科学院出版社 1984 年版。

吉尔伯特·罗兹曼：《中国的现代化》，江苏人民出版社 2018 年版。

［美］塞缪尔·亨廷顿：《第三波——20 世纪后期民主化浪潮》，上海三联书店 1998 年版。

［美］英格尔斯等：《人的现代化》，四川人民出版社 1985 年版。

Dreyer, J.T., *China's Political System: Modernization and Tradition*, 10th edition, London: Routledge, 2018.

Charlton B., Andras P., The Modernization Imperative, London: Imprint Academic, 2017.

McGrath J., Martin, K. C., *The Modernization of the Western World: A Society Transformed*, 2nd edition, London: Routledge, 2017.

Inglehart R., Welzel C., *Modernization, Cultural Change, and Democracy: The Human Development Sequence*, Cambridge: Cambridge University Press, 2005.

Petsoulas C., *Hayek's Liberalism and Its Origins: His Idea of Spontaneous Order and the Scottish Enlightenment*, London: Routledge, 2001.

Black, C. E., *The Dynamics of Modernization: A Study in Comparative History*, New York: Harper & Row, 1966.

后　记

　　本书是我作为首席专家主持的研究阐释党的十九届六中全会精神国家社科基金重大项目"推进中华民族伟大复兴进程中的中国式现代化理论与实践重大创新研究"（批准号：22ZDA027）的阶段性研究成果。

　　习近平总书记在庆祝中国共产党成立100周年大会上的重要讲话中指出："我们坚持和发展中国特色社会主义，推动物质文明、政治文明、精神文明、社会文明、生态文明协调发展，创造了中国式现代化新道路，创造了人类文明新形态。"《中共中央关于党的百年奋斗重大成就和历史经验的决议》进一步指出："党领导人民成功走出中国式现代化道路，创造了人类文明新形态，拓展了发展中国家走向现代化的途径，给世界上那些既希望加快发展又希望保持自身独立性的国家和民族提供了全新选择。""中国式现代化新道路"、"中国式现代化道路"这一全新重要论断的提出，为中国式现代化道路的理论研究提供了良好契机，我主持申报了研究阐释党的十九届六中全会精神国家社科基金重大项目"推进中华民族伟大复兴进程中的中国式现代化理论与实践重大创新研究"，获得立项。

人民出版社政治编辑一部主任陈光耀编审敏锐地抓住这一契机，约我组织撰写本书。

在以往研究成果和课题研究成果的基础上，我组织撰写了本书。参加全书初稿撰写的同志分工如下：

戴木才：第一章，第二章第一、二、三、四、五节。

彭隆辉：第三章第一、二、三、四、六节。

尚泽伟：第二章第六节，第三章第五节，第五章第七、八、九节等。

刘伟兵：第四章，第五章第四、五、六节，第七章第五、六节等。

魏　旭：第五章第一、二、三节，第六章、第七章第一、二、三、四节等。

谢　葵：全书的外文资料查找、翻译和校对、勘误等工作。

最后，戴木才对全书进行了修改和统稿工作。

在本书的撰写过程中，除了已列出的主要参考资料外，还参考、吸收了一些专家在网络上的研究成果，没有一一列出，在此予以特别说明和感谢，敬请相关著作权所有者谅解。本书的出版，得到人民出版社政治编辑一部陈光耀主任和祝曾姿编辑的大力支持，在此一并表示感谢。

由于水平有限，书中难免存在疏漏和不当之处，敬请读者批评指正。

戴木才

2022 年 4 月于北京大有庄

责任编辑：陈光耀　祝曾姿

封面设计：林芝玉

图书在版编目（CIP）数据

实现人民美好生活之道：中国式现代化道路 / 戴木才 等著 . — 北京：
人民出版社，2022.4

ISBN 978 - 7 - 01 - 024619 - 2

I.①实…　II.①戴…　III.①现代化建设 – 研究 – 中国　IV.① D61

中国版本图书馆 CIP 数据核字（2022）第 041880 号

实现人民美好生活之道：中国式现代化道路

SHIXIAN RENMIN MEIHAO SHENGHUO ZHI DAO ZHONGGUOSHI XIANDAIHUA DAOLU

戴木才　等著

人 民 出 版 社 出版发行

（100706　北京市东城区隆福寺街 99 号）

环球东方（北京）印务有限公司印刷　新华书店经销

2022 年 4 月第 1 版　2022 年 4 月北京第 1 次印刷
开本：710 毫米 ×1000 毫米 1/16　印张：17.5
字数：200 千字

ISBN 978 - 7 - 01 - 024619 - 2　定价：65.00 元

邮购地址 100706　北京市东城区隆福寺街 99 号
人民东方图书销售中心　电话（010）65250042　65289539